Géminis

Silvia Heredia de Velázquez

Géminis

A pesar de haber puesto el máximo cuidado en la redacción de esta obra, el autor o el editor no pueden en modo alguno responsabilizarse por las informaciones (fórmulas, recetas, técnicas, etc.) vertidas en el texto. Se aconseja, en el caso de problemas específicos —a menudo únicos— de cada lector en particular, que se consulte con una persona cualificada para obtener las informaciones más completas, más exactas y lo más actualizadas posible. EDITORIAL DE VECCHI, S. A. U.

© Editorial De Vecchi, S. A. 2019
© [2019] Confidential Concepts International Ltd., Ireland
Subsidiary company of Confidential Concepts Inc, USA
ISBN: 978-1-64461-392-4

El Código Penal vigente dispone: «Será castigado con la pena de prisión de seis meses a dos años o de multa de seis a veinticuatro meses quien, con ánimo de lucro y en perjuicio de tercero, reproduzca, plagie, distribuya o comunique públicamente, en todo o en parte, una obra literaria, artística o científica, o su transformación, interpretación o ejecución artística fijada en cualquier tipo de soporte o comunicada a través de cualquier medio, sin la autorización de los titulares de los correspondientes derechos de propiedad intelectual o de sus cesionarios. La misma pena se impondrá a quien intencionadamente importe, exporte o almacene ejemplares de dichas obras o producciones o ejecuciones sin la referida autorización». (Artículo 270)

Índice

Introducción 11

PRIMERA PARTE: CUESTIONES GENERALES

Mitología y simbolismo 15
¿Está seguro de pertenecer al signo Géminis? 19
Psicología y características del signo 23
   La personalidad 23
   El niño Géminis 26
   La mujer Géminis 27
   El hombre Géminis 28
   La amistad 29
   Evolución 30
   La casa 32
   Las aficiones 33
   Regalos, colores y perfumes 34

Estudios y profesión 35
   Estudios ideales 35
   Salidas profesionales 36
   Dinero 38

El amor 39
   La mujer Géminis 39
   El hombre Géminis 41

Relaciones con los demás signos: las parejas . . . 43
   Géminis - Aries 43
   Géminis - Tauro 43
   Géminis - Géminis 44
   Géminis - Cáncer 44
   Géminis - Leo 45
   Géminis - Virgo 45
   Géminis - Libra 46
   Géminis - Escorpio 46
   Géminis - Sagitario 47
   Géminis - Capricornio 47
   Géminis - Acuario 48
   Géminis - Piscis 48
Cómo conquistar a Géminis 49
   A una mujer Géminis 49
   A un hombre Géminis 49
Cómo romper con Géminis 50
   Con una mujer Géminis 50
   Con un hombre Géminis 50

La salud 51

Ficha del signo 53

Personajes famosos que pertenecen a este signo . . . 55

Segunda parte: EL ASCENDENTE

Cómo calcular el ascendente 59
   Cálculo del ascendente 60

Si usted es Géminis con ascendente... 73
   Géminis con ascendente Aries 73
   Géminis con ascendente Tauro 73
   Géminis con ascendente Géminis 74
   Géminis con ascendente Cáncer 75

Géminis con ascendente Leo 75
Géminis con ascendente Virgo 76
Géminis con ascendente Libra 76
Géminis con ascendente Escorpio. 77
Géminis con ascendente Sagitario 78
Géminis con ascendente Capricornio 78
Géminis con ascendente Acuario 79
Géminis con ascendente Piscis. 79

Tercera parte: PREVISIONES PARA 2019

Previsiones para Géminis en 2019 83
   Vida amorosa 83
      Enero. 83
      Febrero 83
      Marzo 84
      Abril. 84
      Mayo. 84
      Junio 85
      Julio 85
      Agosto. 85
      Septiembre 86
      Octubre 86
      Noviembre 87
      Diciembre 87
      Para la mujer Géminis. 87
      Para el hombre Géminis 88
   Salud 88
      Primer trimestre. 88
      Segundo trimestre 89
      Tercer trimestre 89
      Cuarto trimestre. 90
   Economía y vida laboral. 90
      Primer trimestre. 90

- Segundo trimestre 91
- Tercer trimestre 92
- Cuarto trimestre 92

Vida familiar 93
- Primer trimestre 93
- Segundo trimestre 94
- Tercer trimestre 95
- Cuarto trimestre 95

Introducción

Cuando el editor me propuso colaborar en esta colección de astrología, escogí los cuatro primeros signos.

La razón por la que elegí Géminis es la siguiente: tengo un Saturno fuerte (planeta que simboliza también la racionalidad y la vejez) en Capricornio, en conjunción con el ascendente que, aunque se encuentre en muy buena relación con el Sol y con los demás planetas, ha sido siempre el indicador de un riguroso sentido de la responsabilidad al que he tenido que someterme. En contraste, la cúspide de mi quinta casa, que entre otras cosas es también la representación teatral de la individualidad, se apoya en el signo de Géminis, el más joven, brillante y travieso del Zodiaco. Imaginen el drama interior que esto puede haber provocado en mi persona: cada vez que la representación de mi yo se decantaba por la ligereza, hacían su aparición unos terribles sentimientos de culpa, puntuales como relojes suizos. Muchas veces he soñado que era un nuevo Peter Pan y que disfrutaba de la vida con todas las aventuras que se puedan presentar. Pero poco a poco he tenido que tomar consciencia de lo severo que era este Saturno, y en definitiva ahora le estoy agradecida por ello.

Por esta razón, cada vez que me encuentro con un nativo puro de Géminis siento fascinación, pero también un vago sentimiento de inquietud. ¿Dónde podríamos encontrar juntos tanta inteligencia y ligereza, astucia y garbo, curiosidad e inventiva, locuacidad y diplomacia como en el signo de Géminis? ¿Cómo puede utilizar el nativo sus características de la mejor forma posible en la difícil vida cotidiana? ¿Cuántas veces tiene que fingir que está contento sin realmente estarlo? Difícilmente, como les sucede a todo los signos, existe un Géminis puro; para este extraño, simpatiquísimo y cerebral amigo vivir consigo mismo no siempre resulta fácil. Entre mis amistades cuento con un nativo de Géminis, muy inteligente, claramente por encima de la media, capaz de encantar a su auditorio con su brillante elocuencia y su infinita cultura. Sus estudios han sido una especie de carrera de obstáculos. Triunfaba donde los demás no lo conseguían y se encallaba en las cosas más sencillas y banales. Estar con él significa encontrarse bajo unos fuegos artificiales de ideas, las más geniales e inimaginables. Pero... hay un inconveniente: además de tener algunos planetas situados en posiciones difíciles, tiene una dulce y vulnerable Venus en Cáncer que representa su talón de Aquiles. Hay pocas personas que lo entiendan, puesto que su actitud exterior no cambia, ni siquiera cuando se siente herido o sufre dolorosamente por alguna desilusión. A él y a todos los Géminis que leerán este libro les quiero dedicar una composición del poeta ruso Esesin: «Quiero vivir, vivir, vivir / Vivir hasta el mal, hasta el dolor, hasta el aburrimiento / incluso como un ladrón, como un minero, en cualquier infierno humano / pero ver en el campo a los ratones que saltan de alegría, / pero escuchar a las ranas que cantan extasiadas en las cisternas. / Mi alma florece blanca como el manzano / el viento me ha consumido los ojos / en un incendio azul / ahora decidme, decidme lo que tengo que hacer, / pero en el huerto de los hombres / nunca, nunca tiene que apagarse mi susurro».

Silvia Heredia de Velázquez

Primera parte

CUESTIONES GENERALES

Mitología y simbolismo

Una de las claves de comprensión de la astrología es el conocimiento del mito y su interpretación en clave moderna. En el mito existe siempre una verdad de orden moral y espiritual, ataviada con trajes alegóricos, que la astrología hace propia y de la que tienen que descodificarse los símbolos. A través del mito podemos dar la vuelta a nuestros miedos, virtudes y pecados, y podemos comprender las bases arquetípicas del elemento humano, las cuales se reflejan en el significado de los signos zodiacales y de los planetas que componen un tema astral. El propio C. G. Jung ve en el mito la expresión del inconsciente colectivo, de toda la experiencia humana acumulada en milenios de evolución.

Por lo tanto, la astrología nos cuenta, a través de la metáfora mitológica y la sucesión de los signos, la historia de la humanidad y nos da indicaciones sobre el camino que todavía debemos recorrer. ¿Qué es, de hecho, la mitología, sino el mundo entero en nuestro interior, lo que hemos sido, somos y seremos?

En todas las culturas y en todos los mitos, los Géminis tienen una importancia considerable y han representado siempre, aunque de formas diversas, la alternancia de dos naturalezas, una positiva y otra negativa. Con estos dos términos se pueden entender tanto dos fuerzas contrapuestas (el bien y el mal, por ejemplo) como complementarias (el yin y el *yang*).

El mito al que se remonta principalmente la astrología es el de Cástor y Pólux, los llamados Dióscuros. En la mitología griega existen, además, otros dos gemelos, Anfión y Zetos, de los cuales se cuenta muy poco.

Cástor y Pólux eran hijos de Leda, aunque las malas lenguas decían que, aunque fueron concebidos en una misma noche, sólo Pólux era hijo de Zeus, mientras que Cástor lo era de Tindáreo, el legítimo marido de Leda. Pero ¿cómo pudo suceder esto? Parece ser que Zeus, para poseer a Leda, de la que se había encaprichado, se transformó en un cisne blanco y la fecundó en la orilla del río Europa. Pero la misma noche, Leda fue poseída por Tindáreo y, cuando llegó el momento, dio a luz un huevo que contenía a Cástor y a Pólux. Debido a esta discutida paternidad, sólo Pólux fue considerado con seguridad, y no se sabe por qué, hijo de Zeus y asumió cualidades divinas, como la inmortalidad. Sin embargo, los dos hermanos eran inseparables. Jugaban juntos, luchaban juntos y se lanzaban juntos a aventuras amorosas. Y fue precisamente esta última actividad la que puso fin a sus gestas. Intentaron raptar a dos muchachas, algo habitual en la Antigüedad; sin embargo, estas circunstancias fueron el preámbulo de una tragedia, pues las muchachas ya estaban prometidas a Idas y Linceo y en la ulterior lucha murió Cástor. Pólux estaba desesperado y le rogó a Zeus que le librara de la inmortalidad o que se la otorgase también a su hermano. Ninguna de las dos cosas fue posible y Zeus decidió que estuvieran juntos seis meses en el cielo y otros seis bajo tierra o, según otras interpretaciones, un día en el cielo y otro bajo tierra. Así no se separarían durante toda la eternidad; Zeus, conmovido por ese amor fraterno, regaló al cielo la constelación de Géminis.

Este es, pues, el primer relato de la mitología relacionado con el signo de Géminis: la juventud que quiere ser eterna y que no acepta la separación de su cuerpo y la dualidad típica del signo respecto a las proposiciones de la vida. Por una parte, el instinto (Cástor), y por otra, el intelecto (Pólux). O también la alternancia del renacimiento y la muerte. Pero se puede encontrar otro punto de unión, con un mayor vínculo psicológico con los nacidos en el signo de Géminis, según el cual Pólux, que no quiere separarse de su querido hermano Cástor, representa también la necesidad profunda, aunque no muy explícita, de estos nativos de una unión segura que les proporcione un punto de referencia preciso. Se trata de la mítica elección de vivir la mitad del tiempo en el cielo y la otra mitad bajo tierra, lo que equivale a vivir y morir de forma continua, con el objetivo de no separarse; representa la participación eterna en la luz y las tinieblas y la alternancia de las dos tendencias solares y plutonianas típicas del signo (de hecho, Plutón se encuentra exaltado en el signo de Géminis).

Los Dióscuros, en sus empresas gloriosas, como la búsqueda del vellocino de oro y la ayuda que prestaron a Jasón, eran también inseparables de sus caballos y a esto quizás, además de a su protector Mercurio, se debe el concepto de movilidad que es innato en los Géminis.

Otras parejas de gemelos, como ya hemos dicho, forman parte de los mitos que podemos relacionar con el signo, empezando por Caín y Abel y continuando con los indios Ashvins y los romanos Rómulo y Remo. En todos ellos encontramos la dualidad de comportamiento típica del signo. Sin contar además con que el día de Pentecostés, el momento en que la llama del Espíritu Santo desciende sobre la cabeza de los Apóstoles y les otorga el don de lenguas, cae precisamente bajo el signo de Géminis. ¿Y no están quizá los Géminis particularmente dotados para cualquier tipo de comunicación? ¿Y en el mito no desciende un fuego sobre sus cabezas cuando piden ayuda a Poseidón para que la nave de Jasón pueda partir?

Los Dióscuros eran venerados en la antigua Grecia como divinidades protectoras de la juventud y de las artes gimnásticas y se representaban, casi siempre, uno con la lira y otro armado.

Pero no podemos olvidarnos, para comprender mejor el signo de Géminis, del mito de Mercurio (Hermes para los griegos), el planeta gobernante.

Hermes-Mercurio es hijo de Zeus-Júpiter y de una de las Pléyades y podríamos decir que nació intelectualmente adulto, en el sentido de que heredó toda la astucia y el ingenio de su padre Júpiter. Recién nacido, se construyó una lira con el caparazón de una tortuga muerta y siete intestinos de oveja. Robó algunas cabezas de ganado de un rebaño que custodiaba Apolo; al ser descubierto, después de una serie de divertidas confusiones y con el aire del más tierno inocente, convenció a Apolo para que se quedara con la lira y que le diera el cayado de oro. Apolo no sólo aceptó sino que (y en esto se halla la extraordinaria habilidad de los Géminis) se convirtió en su amigo. Mercurio posee además muchas cualidades mágicas, como la adivinación, el arte de curar, los zapatos alados, la capa que lo hacía invisible, la varita mágica; tiene tantas cualidades reales o presuntas (como la invención del alfabeto y de los pesos) que Júpiter, orgulloso como un padre moderno, decidió convertirlo en su mensajero personal.

Así pues, en el mito de los Dióscuros y de Hermes-Mercurio encontramos todas las características básicas de los nacidos en el signo de Géminis.

Una última referencia al glifo &, que nos recuerda tanto el dos romano como a dos unidades distintas pero indisolubles tanto en la base como en la cima, lo que alude a la doble naturaleza de Géminis, que inútilmente intenta separarse y que, en cambio, debe aprender a integrar sus capacidades intelectuales con el instinto de la juventud.

¿Está seguro de pertenecer al signo Géminis?

Si usted ha nacido el 20, el 21 o el 22 de mayo puede comprobarlo en la siguiente tabla que muestra el momento de la entrada del Sol en el signo de 1904 a 2010. Los datos se refieren a las horas 0 de Greenwich. Para los nacidos en España, es necesario añadir una o dos horas al horario indicado (véase la tabla de la página 63).

día	hora	min
21.5.1904	12	29
21.5.1905	18	31
22.5.1906	0	25
22.5.1907	6	3
21.5.1908	11	58
21.5.1909	17	45
21.5.1910	23	30
22.5.1911	5	18
21.5.1912	10	57
21.5.1913	16	50
21.5.1914	22	37
22.5.1915	4	10
21.5.1916	10	6
21.5.1917	15	58
21.5.1918	21	45
22.5.1919	3	39

día	hora	min
21.5.1920	9	22
21.5.1921	15	17
21.5.1922	21	10
22.5.1923	2	45
21.5.1924	8	40
21.5.1925	14	33
21.5.1926	20	14
22.5.1927	2	8
21.5.1928	7	52
21.5.1929	13	48
21.5.1930	19	42
22.5.1931	1	15
21.5.1932	7	6
21.5.1933	12	57
21.5.1934	18	35
22.5.1935	0	25
21.5.1936	6	7
21.5.1937	11	57
21.5.1938	17	50
21.5.1939	23	27
21.5.1940	5	23
21.5.1941	11	23
21.5.1942	17	9
21.5.1943	23	3
21.5.1944	4	51
21.5.1945	16	34
21.5.1946	3	58
21.5.1947	22	9
21.5.1948	3	58
21.5.1949	9	51
21.5.1950	15	27
21.5.1951	21	15

día	hora	min
21.5.1952	3	4
21.5.1953	8	53
21.5.1954	14	47
21.5.1955	20	24
21.5.1956	2	12
21.5.1957	8	10
21.5.1958	13	51
21.5.1959	19	42
21.5.1960	1	33
21.5.1961	7	22
21.5.1962	13	16
21.5.1963	18	58
21.5.1964	0	50
21.5.1965	6	50
21.5.1966	12	32
21.5.1967	18	18
21.5.1968	0	6
21.5.1969	5	50
21.5.1970	11	37
21.5.1971	17	15
20.5.1972	22	59
21.5.1973	4	54
21.5.1974	10	36
21.5.1975	16	24
20.5.1976	22	21
21.5.1977	4	14
21.5.1978	10	8
21.5.1979	15	54
20.5.1980	21	42
21.5.1981	3	39
21.5.1982	9	23
21.5.1983	15	6

día	hora	min
20.5.1984	20	58
21.5.1985	2	43
21.5.1986	8	28
21.5.1987	14	10
20.5.1988	19	57
21.5.1989	1	54
21.5.1990	7	37
21.5.1991	13	20
20.5.1992	19	12
21.5.1993	1	2
21.5.1994	6	49
21.5.1995	12	34
20.5.1996	18	23
21.5.1997	0	18
21.5.1998	6	6
21.5.1999	11	53
20.5.2000	17	50
20.5.2001	23	45
21.4.2002	13	27
21.5.2003	11	13
20.5.2004	17	0
20.5.2005	22	48
21.5.2006	4	33
21.5.2007	12	13
20.5.2008	18	2
20.5.2009	21	52
21.5.2010	3	35

Psicología y características del signo

La personalidad

Los Géminis encierran en su personalidad la movilidad y la duplicidad. Pueden ser personas extremadamente felices, superficiales e inestables, con sentido del juego y del transformismo o, por el contrario, cerebrales, frías, alejadas de todas las emociones humanas y con una pizca de cinismo. Estas dos características se funden casi siempre y dan vida a individuos que pasan de una actitud a otra, con una insatisfacción de fondo que los hace estar intranquilos y angustiados. Pero la representación de sí mismos, para el uso y el consumo de los demás, es casi siempre brillante, puesto que esconden detrás de la máscara plutoniana (Plutón está en exaltación en este signo) sus emociones. Todos los Géminis poseen una atracción indiscutible y una inteligencia ecléctica; representan la adolescencia del Zodiaco, están ávidos de vida, de nuevas sensaciones y de experiencias. Sus comportamientos oscilan desde una pueril toma de contacto con el entorno a una fría y cerebral acción. Sus características principales son la versatilidad y la curiosidad, que, junto con la vitalidad intelectual y una brillante inteligencia, constituyen su caballo de batalla durante toda su vida. Hay Géminis que se comportan, incluso en la madurez, como eternos adolescentes. De hecho, sus reflejos mentales no disminuyen con el paso del tiempo, al igual que el interés por todos los aspectos de la vida, lo que los lleva a experimentar distintos campos del saber. El tipo Cástor es bastante curioso, vital y emotivo, con una inestable vida afectiva a la que dedica muy pocas atenciones. El tipo Pólux, por el contrario, es mucho más cerebral, a veces extremadamente frío y con una excelente presencia de espíritu que le permite salir siempre airoso de los problemas en las situaciones más complicadas. Generalmente, los dos tipos coexisten en un único individuo, por lo que consiguen desorientar a sus interlocutores, que nunca saben a priori con cuál de los dos tipos van a tratar. Los Géminis tienen una extraordinaria e irrefrenable necesidad de moverse y encontrar gente nueva, a la que atraen con su encanto y su particular oratoria. En cada persona encuentran un mundo por descubrir que los estimula y los empuja hacia la conquista. En el mejor tipo, estas cualidades se encaminan hacia el conocimiento, mientras que en otros individuos es muy fácil encontrar al que tiende a engañar al prójimo por medio de las palabras. En general, la vida con los Géminis (nos referimos siempre al tipo puro) se basa en el dinamismo y en las sorpresas, y resulta muy divertida por su sentido de lo imprevisible. Saben adaptarse a todos los ambientes y situaciones, y se ajustan a ellos como si se tratara de unos zapatos hechos a medida. Son ingeniosos y, a pesar de su tendencia al sarcasmo, muestran una gran comprensión por las debilidades y los defectos del género humano; en cambio, tienden a reírse con gran facilidad de sí mismos. A veces su astucia puede llegar a molestar, sobre todo a quien carece de ella, aunque de todos modos saben convertirla en algo agradable. También hacen gala de un cierto oportunismo, que les hace apoyar incluso tesis que no comparten cuando pueden serles útiles. A veces se les considera egoístas, puesto que tienen la capacidad de hacer que todo el mundo les ayude sin recordar que ellos deben hacer lo mismo. Sin embargo, su egoísmo no es de los peores. En efecto, al no verse nunca implicados a nivel emotivo (a menos que tengan a Venus o la Luna en Cáncer), difícilmente se dejan llevar por las situaciones y, por lo tanto, mantienen una sana lucidez, de la que saben servirse sabiamente. A pesar de su necesidad natural de movimiento, que los lleva a viajar a menudo, muchos Géminis permanecen durante toda su vida unidos a su familia de origen, sobre todo si los componentes son personas tranquilas en las que consiguen encontrar el punto de referencia y de apoyo que necesitan para calmar sus pequeñas y grandes neurosis. De todos modos, difícilmente consiguen encontrar en otro lugar la tranquilidad que necesitan. También se les acusa de superficialidad, puesto que pasan rápidamente de un interés a otro, pero la mayoría de las veces se trata sólo de una movilidad que los empuja a cambiar tras haber aprendido todo lo que era posible sobre un determinado tema. En cambio, la acusación de dispersión es bastante real, ya que los Géminis, muy a menudo, no saben utilizar de la mejor forma posible lo que han aprendido, pues, para ellos, el aprendizaje es únicamente un fin en sí mismo. El aspecto externo de los Géminis es siempre extremadamente refinado, aunque bastante informal. Al ser en general sutiles, a menos que se presente una relación «exagerada» entre la Luna y Júpiter, llevan con mucha soltura y elegancia cualquier indumentaria. Al hombre le gustan los vaqueros, sobre todo si son de algún estilista importante, combinados con camisas de corte perfecto o, por lo menos, de marca; también le agradan las ropas retro, que en él adquieren de inmediato un aire juvenil y moderno. La mujer escoge preferentemente pantalones con americanas variadas o chaquetas cortas, que ponen en evidencia sus piernas delgadas y ágiles. El maquillaje también es refinado y nunca pesado o excesivo.

El niño Géminis

Se trata seguramente del niño más interesante del Zodiaco. Cuando empieza a hablar, generalmente hacia los dos años, ya ha almacenado una infinita serie de emociones y de sensaciones, además de palabras, y lo demuestra de forma inmediata. Habla sin parar, consigo mismo y con los demás, y la palabra es su primera e inseparable amiga, a la que incluso prefiere a la compañía de los niños de su edad. Sus juegos, cuando precisan esfuerzo, son casi siempre solitarios, mientras reserva a los compañeros los juegos de movimiento. Sus «por qué» ganan a todos los de los demás niños porque difícilmente se conforma con una única respuesta y quiere saber e investigar hasta que a una determinada cosa ya no le queda ningún lado oscuro. Después de alcanzar esto, la abandona por otra que le interesa más. Si el juego no posee aspectos particularmente interesantes, no se obstina y pasa de inmediato a otra cosa. Tiene una extraordinaria capacidad para percibir las atmósferas y es muy importante para su desarrollo psicofísico que el ambiente en el que vive sea tranquilo, porque de otra forma tiende a somatizar sus tensiones interiores. Se trata de un niño particularmente precoz, que tiene que guiarse con mucha inteligencia y sin darle ninguna orden cuya necesidad no comprenda. Al estar dotado de una inteligencia brillante y polifacética, y al no soportar ni la monotonía ni los argumentos en los que no se pueda introducir su fantasía, es oportuno dirigir sus intereses hacia aquellas cosas que le permitan explicar su creatividad. Acoge bien cualquier tipo de idea y de comportamiento y, por lo tanto, es bastante importante que los adultos se sepan controlar para no provocar daños en su personalidad. Es necesario inculcarle poco a poco el orden y el método, pero nunca con palabras sino con ejemplos concretos.

La mujer Géminis

La duplicidad del signo se encuentra también en la mujer Géminis, que puede ser tanto fantasiosa, emotiva, alegre e indisciplinada, como exactamente lo contrario, es decir, aguda, fría y cerebral. Pasa con una velocidad supersónica de la risa al llanto, de la locura al razonamiento puro: desorienta y cautiva a las personas que la rodean. En general, su relación con los demás es desenfadada y bastante agradable, pero sus simpatías duran muy poco, así como sus proposiciones de encuentros futuros. Es raro que realice algo con antelación, y cuando lo hace, acaba saltando. Pero cuando de improviso decide y hace suyo un programa, le pone tanto brío que todo el mundo se lo agradece. Tiene una instintiva pasión por las charlas telefónicas, que le hacen perder por completo la noción del tiempo, con todas las consecuencias que pueden derivarse tanto en el trabajo como en las relaciones personales. La comunicación, en todas sus formas más variadas, es, de hecho, un recurso de vida para nuestra Géminis; sin ella, no existiría. Por lo tanto, el teléfono, el móvil y el ordenador son, para ella, las mejores invenciones de la era moderna. No es casual que su antepasado de honor se llame Mercurio. Pero cuando es necesario, también sabe mostrarse ajena a las emociones comunicativas y esto sucede casi siempre cuando, después de escoger una actividad de tipo intelectual, decide construirse un personaje a su medida. Recuerdo a una nativa de Géminis, muy simpática, que a los 17 años y decidida a convertirse en un personaje, caminaba bajo los pórticos de Turín con aire meditativo y frío, con un cristal de reloj a modo de monóculo y un pliegue de partituras bajo el brazo; en este caso también intervenía la tendencia mercuriana al transformismo. La mujer Géminis difícilmente se dedica a la casa y, como madre, es bastante despreocupada y nada posesiva.

El hombre Géminis

Un hombre Géminis puede ser una bendición de Dios... si se toma en pequeñas dosis. Tan pronto es adorable como puede convertirse en extenuante si se busca una existencia casera o un simple momento de descanso. Es muy inquieto y siempre está en busca de novedades, pero no para él solo, ya que le resulta impensable no implicar a la gente que le rodea, sin detenerse nunca a preguntarse si los demás tienen ganas o no. Nadie como él sabe dar un sentido lúdico a la vida y apreciar un espectáculo, un poema o una música. Sus sensaciones tienen que comunicarse de inmediato, porque sólo de esta forma consigue vivirlas plenamente. Es bastante fascinante no sólo por su presencia, que se mantiene juvenil con el paso de los años, sino sobre todo por cómo sabe situarse, por lo que sabe decir y por su finura de fondo. Nunca pierde la presencia de espíritu y sabe manejarse con habilidad en cualquier ambiente y situación. Sus intuiciones son fulgurantes y le inspiran para encontrar las soluciones más adecuadas y convenientes en cualquier momento. Es fundamentalmente bueno y tiene la gran capacidad de constituir un estímulo para los indecisos y los inseguros, que se sienten comprendidos y apoyados por él. Estas cualidades pueden llegar a utilizarse mal cuando son patrimonio de personas poco evolucionadas. En estos casos, la astucia puede convertirse en un fin en sí misma o utilizarse para objetivos poco encomiables. Como padre, normalmente es maravilloso, aunque poco atento a las necesidades materiales y a los problemas de salud. Su naturaleza pueril de fondo lo lleva a ser amigo de sus hijos, con los que sabe instaurar una relación de igualdad y de seguridad; sabe jugar con ellos y ser su guía. Un padre Géminis evolucionado puede ser una gran fortuna para sus hijos si consigue anular algunos matices excesivamente egoístas.

La amistad

El típico nativo de Géminis, en general, *consume* muchos amigos a lo largo de su vida. Establece relaciones con mucha facilidad, puesto que tiene una extraordinaria capacidad de hacerse agradable y comprender los problemas de los demás; pero con la misma facilidad las interrumpe sin crear, por ello, discordias. En el momento que quiera retomarlas encontrará siempre las puertas abiertas, pues su sinceridad de fondo y su falta de hipocresía es brillante, algo que conocen muy bien sus amigos, que le son fieles durante toda la vida. Pero hasta cuando el vínculo dura poco tiempo, siempre se desarrolla bajo el lema de la sinceridad. También en las relaciones formales, los Géminis ganan a cualquier otro signo; saben ser cordiales con todo el mundo de su entorno. Un pariente mío, 50 años después de su muerte, todavía es recordado en su ciudad de origen por mucha gente, entre ellos un anciano barrendero con el que charlaba antes de entrar a trabajar como profesor en un instituto. Una de las condiciones para interesar a Géminis y disfrutar de su amistad, sea breve o larga, es la inteligencia y, para los intelectuales, la cultura. Sin estas cualidades es difícil ser su amigo. De todos modos, mientras dura la amistad, es fácil sentirse privilegiado, puesto que sabe llenar todos los ángulos vacíos de la vida y estar siempre a punto para resolver una discusión y dar una opinión, algo que lo hace sentir comprometido. Las personas que más le agradan son, en general, las que todavía no han encontrado su camino o que, al ser algo débiles, no saben tomar decisiones. Estas siempre recibirán la ayuda de un amigo Géminis en su búsqueda de la claridad interior y de la lucidez de juicio. Los nativos de este signo, de hecho, pueden tener dificultades para calmar sus propias ansiedades, pero son muy capaces de controlar las de sus amigos.

Evolución

Según algunos investigadores, el ser humano, antes de su nacimiento, decide su propio plan de vida para continuar, en una nueva encarnación, las experiencias relacionadas con sus vidas pasadas. Para otros, es en cambio Dios quien decide todas las pruebas que el ser tendrá que superar. Sea como sea, en la nueva vida deberá saldar las deudas dejadas en suspenso, es decir, los frutos de aquellas acciones que en la vida anterior no han sido del todo positivas. Para hacer esto, tendrá que someterse a determinadas pruebas; cuando las haya superado, habrá realizado un salto cualitativo y habrá subido un escalón más en la evolución espiritual que lo lleva a unirse con lo divino. La astrología, a través de los planetas y sus aspectos, los nodos lunares, los signos y las casas, puede proporcionar una clave de interpretación de lo que se nos pide en la vida presente. Para aquellos que no creen en la reencarnación, podrá ser una indicación básica para vivir el propio signo de la forma más evolutiva posible. En este libro tomaremos en consideración sólo el signo de nacimiento, en este caso, Géminis.

La dificultad de vivir para Géminis puede estar constituida precisamente por la duplicidad del signo y, por lo tanto, por la necesidad, exclusivamente mental, de observar el mundo desde dos ángulos distintos, algo que puede ser motivo de angustia. El Cástor y el Pólux que viven a menudo separados en el interior de cada Géminis deben aprender a convivir y a conciliar sus propias tendencias, de forma que ambas visiones de la vida puedan soportarse recíprocamente. El camino no resulta sencillo y es necesaria esa humildad que difícilmente conoce este signo. Atraído por las especulaciones intelectuales y por la utilización de la palabra sugerida por Mercurio, los Géminis normalmente hablan mucho y de todo, lanzan sus mensajes verbales al mundo y se complacen en escuchar sus palabras vagando en el aire, su elemento natural, sin detenerse, por otra parte, a reflexionar sobre el tipo de reacciones que pueden provocar. Para que sus palabras no se desvanezcan en el aire, sino que tomen, en cambio, la consistencia de nuevas ideas útiles para la humanidad, Géminis debe actuar de manera que la comunicación que inicia se apoye en la seriedad y el control y su función de «trámite» se realice en el nivel más alto posible. En el mito, Júpiter dio a Mercurio la función de mensajero de los dioses y también Géminis, en la actualidad, debe ejercer la misma función, es decir, transmitir el conocimiento en el mundo. Evidentemente, esto será posible para muy pocos elegidos, pero si cada Géminis aprende antes de enseñar y escucha antes de hablar, ya habrá hecho un importante salto evolutivo. Muchas veces, Géminis se deja invadir por pensamientos que lo alejan de la realidad. Podrían serle muy útiles la meditación o la relajación profunda. Cuando se llega al nivel alfa, de hecho, la mente se detiene y la percepción superior puede llevar a la verdad sin tantas elucubraciones intelectuales. De esta manera, su función de mensajero, o de trámite, como quiera llamarse, poseerá todos los matices de la pureza. Géminis, como ya hemos visto, se encuentra particularmente beneficiado, puesto que si a Aries se le otorga la fuerza creadora y a Tauro la capacidad realizadora, a su signo se le entrega la fertilidad del intelecto. Esto le da la capacidad, más que a otros signos, de realizar un largo camino evolutivo y desarrollar una importante función catalizadora. Por lo tanto, no debe desperdiciar estos dones, sino utilizarlos realmente al servicio de otras personas. El sufrimiento que golpea a todos los seres vivos también tocará, desgraciadamente, a Géminis, pero obtendrá una ayuda para la superación de su karma precisamente de sus peculiares características de comprensión intelectiva. De hecho, entenderá antes que nadie dónde y cómo es posible dar un giro a su propia vida.

La casa

Refinado, intelectual, dual, Géminis aplica a su casa su forma de ser, con sus contradicciones y su espíritu de investigación. Esto hace que su domicilio sea un espejo de su interioridad. Lo primero que busca en una casa es la luminosidad y, en contraste, también una habitación, quizá sin ventanas, donde pueda encontrar de vez en cuando a su escondido Plutón. El mueble al que otorga una prioridad absoluta es una librería de pared a pared y del suelo al techo, donde sea tan fácil encontrar los libros como hallar el pan en la despensa. Después de la librería, una mesa para trabajar, también muy grande y que ocupe casi toda la habitación, pero donde nuestro Géminis pueda apoyar montones de libros, de periódicos, hojas, utensilios de escritura, todo bien a la vista. Antes de la cocina y del dormitorio, viene la habitación para las aficiones, con un mini-gimnasio perfectamente equipado (que quizá se usará poco) para las distintas pasiones del momento. Los muebles del resto de la casa, que tiene que ser bastante amplia, se escogerán seguramente a medida que Géminis quede impresionado por un mueble, un sofá o un accesorio. Los estilos están mezclados casi siempre con una capacidad extraordinaria y un sentido de la armonía fuera de lo común. Sólo él (o ella) es capaz de hacer convivir una austera mesa con un silla de estilo rococó, o bien un mueble de diseño moderno con una cortina del siglo XIX. La elección de los sillones (difícilmente sofás), seguramente varios, está unida sobre todo a la comodidad y a los colores de la tapicería, que tienen que ser de un pastel luminoso. La cocina no tiene mucha importancia y la cama tampoco, pero sí la tienen la música, la televisión, la radio, el pórtatil y todos aquellos instrumentos modernos de comunicación, los cuales han de encontrar un lugar de honor, casi igual a sus queridos libros.

Las aficiones

Como ya hemos dicho, los Géminis son tan dinámicos que incluso las aficiones se suceden en el tiempo, sin adquirir nunca las connotaciones del coleccionismo, excepto en los libros. Por lo tanto, pueden pasar indiferentemente a través de las aficiones de todo el Zodiaco, sobresaliendo cada vez en la búsqueda y sabiendo encontrar la mejor de todas. Es difícil decir cuáles son las aficiones adecuadas para los Géminis porque todas, durante un tiempo más o menos largo, pueden constituir el eje de su atención. A Géminis le gusta pasear por las tiendas y los mercados en busca de algo original para decorar su casa, quizás absolutamente inútil, pero que estimule su fantasía. En el momento en el que sienta la pasión por la música buscará primero la mejor guitarra, quizá la de doce cuerdas aunque no sepa tocarla, luego el saxofón, la trompa, el piano y querrá conocer de todos estos instrumentos hasta los más pequeños detalles. Cuando lo sepa todo, o casi, pasará a otra cosa como, por ejemplo, la electrónica. Entonces lo veremos rodearse del ordenador más profesional, de una fotocopiadora de colores que toque alguna canción, de una radio transoceánica, de una televisión de mil canales con máquina de coser incorporada, en definitiva, de todos los instrumentos y los objetos más originales, modernos y fantasiosos que pueden hallarse. Si luego decide que le gusta el mar, correrá a sacarse la licencia náutica y luego, aunque no tenga dinero, intentará comprarse un barco, que puede ir desde una lancha de goma a uno de veinte metros de eslora. De todos modos, recorrerá todas las tiendas náuticas, donde hará que le expliquen con pelos y señales hasta los más mínimos detalles; además, con ese aire de gran señor que lo caracteriza conseguirá obtener la atención de todo el personal, desde el vendedor al director.

Regalos, colores y perfumes

Si quiere hacer feliz a Géminis llévele cualquier cosa, siempre que sea bonita, con gusto y a ser posible también cara. Le gustan mucho los libros lujosos, con muchas fotografías, y que hablan de mundos exóticos, viajes o extraordinarios descubrimientos. Adora los pequeños objetos preciosos para su casa (menos los cuadros, que prefiere escoger personalmente) o si se lo puede permitir, el sillón o la lámpara de autor o antigua, pero siempre auténtica. También le gustará el último modelo de teléfono, con la más amplia variedad de prestaciones. Para la ropa o los objetos personales puede escoger desde la camisa refinada a la corbata original, desde el encendedor de oro (aunque impere Mercurio) o de plata, al anillo con blasón y el alfiler para corbatas. Les gustan menos el clásico billetero y el cinturón, y siempre tienen éxito una pluma estilográfica o un buen reloj de marca. Y sobre todo un viaje alrededor del mundo.

Los colores más adecuados, salvo valores fuertes en otros signos, son el blanco, los pasteles y principalmente el amarillo pálido, el verde claro, las distintas gamas de azules y los grises en los matices más luminosos. Le resultan especialmente benéficos los distintos pasteles mezclados entre ellos. Estos colores constituirán seguramente la base para que Géminis decore su casa y escoja su ropa. En cambio, son inadecuados los colores violentos u oscuros, que se combinan mal con los matices de los Géminis.

Los perfumes no son particularmente importantes para los Géminis, pero también sufren la variabilidad de su temperamento. Por lo tanto, se alternarán los periodos en los que el perfume desaparecerá del aseo diario y con aquellos en los que aparecerán mágicamente botellas de colonia caras o el último perfume lanzado por el estilista de moda en un frasquito de aspecto antiguo.

Estudios y profesión

Estudios ideales

Conviene dar preferencia a aquellos centros en los que se sigue a cada niño de manera individualizada y se deja un amplio espacio a la iniciativa personal. La escuela escogida debe inculcar a Géminis una mínima metodología para contrastar su tendencia a la dispersión.

En la adolescencia, el periodo a la vez más fecundo y disperso, los estudios sufrirán varias crisis, a menos que algún profesor se convierta en el punto de referencia de sus intereses. Por lo general, todos los estudios resultan adecuados, en especial los clásicos, donde el estímulo de la fantasía y del conocimiento podrían constituir realmente la base para el éxito futuro. Sin embargo, siempre debe cumplirse la condición de encontrar a los profesores adecuados.

Para los estudios universitarios resulta válido lo que hemos dicho hasta ahora, aunque la posibilidad de escoger en un solo curso las asignaturas que más le atraen hace que Géminis encuentre facilidades a la hora de estudiar, siempre que haya podido realizar sus propias elecciones. Las facultades más adecuadas son las de humanidades, lenguas, ciencias políticas, leyes y sociología. Deben descartarse de forma absoluta, a menos que se realice un examen detallado de todo el cielo de nacimiento, la economía y la banca, la ingeniería, la física y la química.

Salidas profesionales

Géminis tiene que descartar todos los trabajos repetitivos y aburridos, o simplemente metódicos, en los que se encontraría como un pez fuera del agua. Y aunque se esforzara al máximo para aguantar en ellos, no podría dejar de poner en práctica alguna variante fantasiosa, que seguramente le costaría más de un problema con sus superiores. Dicho esto, veamos cuáles pueden ser los empleos más adecuados y que, sobre todo, le permitan una cierta libertad de acción, además de otra eventual ocupación (de hecho, es difícil que Géminis opere en un único frente).

La condición esencial para alcanzar el éxito profesional, y para que Géminis no pase de una experiencia a otra sin encontrar el trabajo que más se adapte a sus cualidades, es que pueda expresar en él sus rasgos básicos y, de forma especial, que tenga la posibilidad de utilizar su cabeza y no la de los demás. Las actividades de carácter autónomo pueden ser deseables si existen valores en otros signos más concretos, que evitarán que se combine una excesiva libertad a la hora de organizarse con la dispersión para producir un rendimiento práctico inferior a la media.

La habilidad manual se encuentra a un nivel óptimo, y la inteligencia y la visión panorámica también. Podría ser un buen fontanero o electricista, que trabajara como autónomo o en estructuras donde no se le pidiera un horario preciso y se le dejara una cierta libertad de iniciativa.

Otro sector donde realmente puede hacer carrera, si otra persona se ocupa de las labores administrativas, es en el comercio. La habilidad de los Géminis en este mundo es sencillamente extraordinaria: conseguirían vender neveras en Alaska y estufas en Ecuador, pero no tanto por una sed de ganancias sino por el placer del éxito. ¿Recuerda que Mercurio le robó a Apolo y luego, al ser descubierto, consiguió el cayado de oro a cambio de la lira que había construido con la concha de una tortuga y además hizo tan feliz al dios que este incluso se lo agradeció? Pues bien, el típico nativo de Géminis no es otra cosa que un Mercurio moderno. Tampoco esta vez nos engaña el mito. Géminis es adecuado no sólo para el comercio en tiendas, sino también como representante o agente, o incluso también para el comercio en los mercados, y sabe vender por diez euros mercancías que valen sólo uno, con plena satisfacción por parte de los compradores. O también puede ser un brillante vendedor televisivo que, con su gran labia, vende por igual pieles o joyas, zapatos o vestidos, papel higiénico o tablas de planchar. Me encontré una vez a una nativa de Géminis, con el Sol en la tercera casa (la de la comunicación), que trabajaba de periodista.

Para aquellos nativos que han estudiado, todas las profesiones relativas a la comunicación, como el periodismo, son adecuadas; en ellas, la palabra escrita se convierte en un arma muy eficaz. Asimismo, Géminis se sentirá realizado como abogado, presentador de radio y televisión, relaciones públicas o miembro de un gabinete de prensa, lugares donde su inteligencia y su cultura son armas ganadoras, como también lo serán en las carreras diplomáticas. Con los colaboradores adecuados, pueden convertirse en eficientes empresarios. Las mujeres, además de las profesiones citadas anteriormente, son muy adecuadas para ejercer de secretarias, siempre que se les exija algo más que la puntualidad, la adaptabilidad y la perspicacia. Si por alguna extraña aventura de la mente o por cuestiones personales los Géminis estudian medicina, se pueden convertir en buenos psicoterapeutas o, mejor todavía, en psicoanalistas. Y aquí no podemos olvidar que Plutón está relacionado con el psicoanálisis y Mercurio, en el mito, se dedica a acompañar a las almas a los infiernos. ¿Y no representa el psicoanálisis el descenso a los meandros más profundos de nuestra psique?

Dinero

Géminis es realmente brillante y desenfadado, pero peligroso. El dios Mercurio, que se encuentra al acecho en su interior, puede sugerir las cosas más increíbles y si la personalidad no es muy sólida, pueden surgir inconvenientes de gran importancia. De hecho, es difícil que Géminis dé valor al dinero, a menos que le sirva para alcanzar algo que le guste; por lo tanto, es raro que consiga alcanzar una solidez financiera de larga duración. Si algunos valores particulares de Tierra le ayudan de forma conveniente, gasta lo mismo que gana, tanto en él mismo como en las personas que quiere. Pero normalmente el típico nativo de Géminis tiende a gastar mucho más de lo que gana o también gasta dinero que todavía no ha ganado y que quizá nunca lo hará. De hecho, tiene suficiente con la idea de la ganancia más que con la propia ganancia y, una vez satisfecha la primera, ya no piensa en la segunda. De todos modos, siempre tiene la posibilidad, un momento antes de la bancarrota, de salvarse con una especulación conseguida milagrosamente y una inyección de dinero absolutamente imprevista. Las especulaciones son el talón de Aquiles del signo, su atracción fatal, que le lleva a cometer no pocos errores. Y esto se debe a que el negociante o el especulador debe tener la rapidez característica de los Géminis, además de una especial constancia, de la que estos carecen. Sin embargo, también puede estar capacitado para ganar dinero, especialmente si trabaja en un ámbito próspero, como los medios de comunicación o el comercio; pero, por una necesidad innata de cambios, lo gasta todo con alegría y rápidamente. En definitiva, a pesar de las continuas preocupaciones, por las que no se deja condicionar, consigue vivir bastante bien. Y además, ¿no se dice que existe un dios que protege a los borrachos y a los niños?

El amor

La mujer Géminis

La dualidad Cástor-Pólux se hace notar. Una Géminis puede tropezar repetidamente con historias atormentadas, aventuras sin pies ni cabeza, flirteos divertidos pero efímeros. Sin embargo, otra Géminis puede afrontar los problemas del amor y de sus implicaciones con un desapego cerebral y conseguir conducir las relaciones con una habilidad y una frialdad dignas de un perfecto estratega.

En el primer caso, las lágrimas se malgastan, pero estos diluvios universales duran el tiempo de una respiración y dejan su lugar al arco iris más bonito que se pueda imaginar. El paso de la risa al llanto es muy rápido para Géminis y lo que un momento antes podía parecer la única razón de su vida, desaparece de inmediato de su mente y de su corazón.

En el segundo caso, en cambio, sabe escoger sus aventuras y sus amores, los cuales filtra a la luz del intelecto, y nunca se deja enredar por relaciones apasionadas y comprometedoras. Debido a su necesidad de igualdad y su miedo a implicarse, el pensamiento de convertirse en posesión de un hombre le hace realizar una rapidísima marcha atrás.

Pero generalmente, la mujer Géminis sabe resultar atractiva, gracias a su simpatía traviesa sin parangón. La necesidad de sentirse igual a los hombres la hace huir de las actitudes empalagosas y provocativas, aunque la coquetería es su fuerte, e intenta encontrar siempre una relación de igualdad y de camaradería también en el amor. El sexo, que considera una simpática gimnasia, no tiene para la mujer Géminis nada de pecaminoso. Esto no significa una falta de seriedad, sino que, por el contrario, implica sencillamente que su intelecto sabe dar a cada aspecto de la vida y del ser humano el valor que le compete. De todos modos, no soporta ninguna relación sin un estímulo mental adecuado, así como tampoco aguanta los encuentros amorosos en horas prefijadas y siempre repetidas. La fidelidad representa en general un concepto abstracto para nuestra Géminis, que no puede concebir las escenas de celos y que deja a los demás la misma libertad que pretende para sí misma. En cambio, quiere implicar en la relación amorosa a la pareja en sus actividades mundanas, y lo arrastra consigo sin prestar atención a si a él le gusta o no. Puede llegar a ser un poco cruel, sobre todo si tiene que tratar con una pareja mal preparada. La relación con el hombre, de todos modos, se resiente de una absoluta necesidad de igualdad, cuando no de superioridad. Por esta razón, el juego que más le gusta a la mujer Géminis es el del gato y el ratón, cuya finalidad es demostrar la superioridad del primero y la simpleza del segundo. A veces el juego le sale bien, otras no, y entonces está obligada a fingir que sólo se lame los bigotes.

Pero existe también un tipo de mujer Géminis bastante particular. Esta, que generalmente no es muy activa sexualmente, puede convertirse, en cambio, en una mujer perfecta y disponible. En ese caso, sabe ser realmente eficaz y, a pesar de su desorden endémico, se las arregla en todas las tareas burocráticas y prácticas con una habilidad de la que no se habría creído capaz. De hecho, puede convertirse en una compañera indispensable con un espíritu de colaboración excepcional. La multiformidad de Mercurio resulta clave de nuevo en este aspecto.

El hombre Géminis

Es un ganador por naturaleza, puesto que difícilmente alguien puede resistirse a su encanto, pero tiende a pasar de un amor a otro con gran facilidad. Su extraordinaria capacidad de entablar relaciones se manifiesta también en los juegos amorosos. Hay pocos signos que sean tan capaces como él de fascinar al otro sexo con el juego de las palabras, las miradas, la representación exhibicionista y estimulante de sí mismo, o una total y curiosa disponibilidad. Sabe instintivamente qué tiene que decir y hacer para agradar y conquistar y no deja que se le escape ni la más mínima ocasión sin aprovecharla. Se siente atraído por todo aquello que estimula su curiosidad intelectual, por lo nuevo y lo que se le manifiesta de forma poco clara. Pero después de haber absorbido la última gota del preciado bien del momento, pasa a una nueva experiencia. Su movilidad mercuriana difícilmente le permite detenerse sobre una única flor, a menos que esta disponga de tantos y tales matices que prolongue su conocimiento durante un tiempo larguísimo. De esta forma, a Géminis le parecerá que vive más de una aventura y esto satisfará, en parte, sus necesidades de novedad. De todos modos, tiene la suerte de no dejarse implicar mucho a nivel emocional (siempre que no existan otras variantes planetarias, como por ejemplo la Luna y Venus en Cáncer) y esto puede constituir la clave de su capacidad de recuperación de las desilusiones. Si existe una implicación, esta no suele durar nunca mucho, por lo que rápidamente se encuentra preparado, en poco tiempo, para reiniciar sus juegos amorosos. A lo largo del periodo en el que dura un amor, Géminis sabe dar lo mejor de sí mismo y sabe hacer sentir a la persona amada, con la que consigue sintonizar totalmente, que es una parte integrante de sí mismo. En cuanto la historia está acabada, pasado el momento más ardiente, consigue establecer una relación de amistad duradera y mantendrá siempre una disponibilidad preparada para las necesidades de su ex compañera. Así pues, es difícil que las abandonadas sientan por él una forma cualquiera de rencor porque, en el fondo, le están agradecidas por lo que les ha hecho sentir. De hecho, el hombre Géminis no es nada fiel y, a menos que la pareja no sea también libre como el aire, esto puede crear motivos de separación debido a las peleas. Pero en general, cuando ama de verdad, como máximo puede sentirse atraído por otra mujer en el plano intelectual, sin que por ello se vea afectado por los sentidos y los sentimientos. Su ideal de unión, de todos modos, es la relación entre dos almas y dos intelectos en la que el sexo se entienda sobre todo como corolario y en el que cada uno pueda manifestar su propia libertad plenamente. A nivel erótico es bastante ambivalente: por un lado está el tipo Cástor, que se lanza con toda su energía y su curiosidad juvenil; por el otro, el tipo Pólux, cerebral e indiferente, que ve en la relación sexual un aspecto del conocimiento universal. En cualquier caso, su sexualidad está a flor de piel, llena de fantasía pero también de dulces desfallecimientos; resulta totalmente satisfactoria, incluso inolvidable, aunque rara vez llega a ser apasionada. De hecho, no le gustan las complicaciones y, si alguna vez se ve envuelto en ellas, intentará salir de la manera que sea. Pero existe un aspecto poco conocido de los Géminis espiritualmente evolucionados: cuando el amor les ha abierto el camino, ya sea del Paraíso o del Infierno, saben convertirlo en el motor impulsor de su evolución espiritual y dedicarse a él con esa búsqueda constante del conocimiento que los caracteriza. En el matrimonio, si es que llegan a él, tienen necesidad de encontrar un calor afectivo que compense su pueril inseguridad y su necesidad de protección.

Relaciones con los demás signos: las parejas

Géminis - Aries

Su relación se convierte en una serie infinita de encuentros y desencuentros que no puede durar mucho tiempo. En periodos breves, la relación será estimulante y satisfactoria, aunque la racionalidad de Géminis se acopla mal con el instinto de Aries. En el plano sexual y en los primeros momentos se puede tener éxito pero el fuego se apaga muy pronto por parte de Géminis, que exige más intriga. Además, a los dos les gusta el protagonismo y no se soportan mucho recíprocamente; en consecuencia, por lo general se desaconseja el matrimonio, a menos que Venus y Marte de cada uno estén en buenas relaciones entre ellos, o que la Luna de él esté en el signo de ella. Pero incluso de esta forma no se puede esperar mucho a largo plazo. Mientras dura, todo se convierte en un hacer y deshacer proyectos, organizar viajes y pasar de una iniciativa a otra.

Géminis - Tauro

Se trata de una pareja que, a pesar de los desacuerdos de fondo, podría funcionar, aunque no se aconseja. La ardiente sexualidad taurina puede conseguir estimular a Géminis a vivir con más tranquilidad y hedonismo. La relación tiene mayores posibilidades si la mujer es Tauro, porque podrá alejar a su pareja de todas esas tareas que él odia. Pero es necesario que quien sea Tauro posea también una gran inteligencia, capaz de comprender el eclecticismo y la movilidad del nativo de Géminis sin hacerse aburrido o previsible. El afán de posesión de Tauro, de cualquier modo, puede perjudicar la unión, que se salvará sólo gracias a la capacidad de ambos de disfrutar de sus respectivas cualidades.

Géminis - Géminis

No se trata de una gran pareja, puesto que las peleas y las polémicas estarán al orden del día. Se trata la mayoría de las veces de pequeñas cosas, aunque resultan suficientes para dar un buen golpe a su energía nerviosa. Ni siquiera el sexo podría constituir un apoyo adecuado porque, al ser los dos bastante fríos, sólo dan lo mejor de sí mismos en condiciones de novedad y de investigación. En cambio, al tratarse de dos personalidades similares, carecen totalmente de curiosidad recíproca. Además, tienden a hablar mucho los dos, pero son incapaces de escuchar, lo que reduce la vida de pareja a dos monólogos distintos que no se entrecruzan nunca, sólo para buscar polémicas. En cambio, podría tratarse de una relación válida a nivel intelectual para personas evolucionadas, que se estimularían de forma recíproca y llegarían a dar frutos extraordinarios.

A nivel afectivo, no se puede esperar mucho de la capacidad de darse el uno al otro. Se desaconseja el matrimonio.

Géminis - Cáncer

Es difícil que esta relación pueda funcionar, porque la racionalidad de Géminis combina mal con el sentimental Cáncer. Puede producirse un enamoramiento, sobre todo si la mujer es Cáncer y, por lo tanto, posee una gran disponibilidad materna. En tal caso, tomaría bajo su protección a su compañero y lo protegería, aunque hubiera de permanecer insatisfecha durante toda la vida. Naturalmente, entonces estará destinada a sufrir pequeñas y grandes traiciones, que intentará soportar con gran resignación y que considerará como el precio que tiene que pagar por tener como compañero a una persona tan interesante. Si en cambio Cáncer es el hombre, será difícil que la relación, salvo milagros siempre posibles, dure más de un día. En efecto, la mujer Géminis no conseguiría soportar un compañero tan emotivo y que, quizá con dulzura, tiende a ponerle las bridas en el cuello. A nivel sexual, el entendimiento es nulo.

Géminis - Leo

Es una relación vital, aunque la elección de una convivencia no sería una decisión muy sabia. A Géminis le gusta impresionar con su inteligencia y su versatilidad, mientras que Leo no quiere ser segundo de nadie. El inicio puede ser, por lo tanto, bastante entusiástico, sobre todo si él es Leo, porque se siente revestido de una gran responsabilidad en relación con esta pequeña Géminis que parece tan frágil. Pero pasado el primer momento, y al descubrir que su pareja es cualquier cosas menos frágil y que quizás esté intentando hacerle una mala jugada, Leo se resiente. En el caso contrario, Géminis puede alardear de haber interesado a una leona, pero pasado un tiempo, la relación puede revelarse previsible y sin interés para él.

Géminis - Virgo

Los dos signos están gobernados por Mercurio, que en Virgo es más serio y más analítico y por lo tanto crítico en relación con Géminis, tan poco preciso y cambiante. Géminis, por su lado, es intolerante con las sutilezas de Virgo y no soporta estar sometido continuamente a dificultades debido a la férrea memoria del otro. Sus hábitos y formas de organización son totalmente distintos y, por lo tanto, no consiguen entrar en sintonía en ningún caso, ni siquiera en el sexo ni en la vida cotidiana. La fidelidad de Virgo combina mal con las escapadas del otro; de todos modos, existe entre ellos una especie de atracción fatal basada en la inteligencia, la cual hace que Virgo admire la celeridad y el dinamismo de Géminis, y este la precisión y la capacidad de análisis del otro. Podría ser una buena relación si se basara en la colaboración recíproca.

Géminis - Libra

Esta es una buena pareja, que puede llegar muy lejos si Géminis no desilusiona a Libra con actitudes superficiales. Se aprecian a simple vista. Géminis, con sus tensiones nerviosas, encuentra en Libra a alguien que lo sabe comprender y calmar. Los dos van en busca del refinamiento y tienen gustos bastante similares, pero no tanto como para matar la curiosidad de Géminis por el otro, mientras que a nivel sexual tienen iguales reacciones. También se encuentran de acuerdo en las amistades, siempre que se permita a Géminis variar y ampliar, a su gusto, su círculo. Si la relación es superficial pueden tener una bonita historia sin sentirse demasiado implicados. Si en cambio está iluminada por el amor, saben comprenderse y poner las bases para una vida satisfactoria para ambos.

Géminis - Escorpio

El inicio es difícil aunque los dos signos se sienten atraídos. Géminis se encuentra desorientado frente a la tenebrosidad de Escorpio y sus silencios cargados de tensión y pierde un poco de su entusiasmo y su inmediatez. Se mueve con más prudencia de lo normal e intenta fascinarlo. Escorpio, a su vez, se siente atraído por este ser tan distinto a él y, especialmente si la mujer es Géminis, tiende a influir en su travieso entusiasmo. La mejor relación se establece entre el hombre Géminis y la mujer Escorpio, puesto que él se siente atraído por las continuas metamorfosis de ella, que estimulan su curiosidad y su sed de conocimiento. Por la noche pueden llegar a vibrar, pero a la larga pueden agotarse a nivel nervioso y desear, al final, algo de paz. En cambio, a veces consiguen establecer un compañerismo que durará mucho tiempo.

Géminis - Sagitario

Se trata de la pareja por excelencia: los dos polos opuestos que se tocan. Juntos están bien, los dos son curiosos, les gustan los viajes y los desplazamientos, se sienten atraídos por la novedad y son parlanchines pero sin invadir el espacio del otro. Sexualmente, consiguen una buena armonía sin ser particularmente exigentes y en la vida diaria pueden alcanzar un discreto equilibrio. Sin embargo, han de tener el mismo grado de evolución y de cultura. Géminis se divierte con la impetuosidad de Sagitario y este se siente atraído por la perspicacia del otro. Por lo tanto, consiguen alcanzar un buen acuerdo en todo, sobre todo si no existen problemas de dinero entre ellos y si la posibilidad de hacer viajes a tierras lejanas se cumple a menudo.

Géminis - Capricornio

Se trata de una relación bastante problemática que, a menos que existan otros valores comunes, difícilmente puede funcionar. La seriedad de Capricornio acepta mal la improvisación de Géminis y su inconstancia, y este no soporta la decidida sexualidad del otro ni la excesiva seriedad de fondo. Esta relación deriva en una situación pesada que puede llegar a destruir a Géminis, más débil a nivel nervioso, y dejar a Capricornio con una sensación de vacío y de haber perdido algo bastante importante. Podría tratarse de una unión válida entre personalidades de nivel superior, unidas por unos mismos ideales y aspiraciones. En este caso, la prontitud y la brillante inteligencia de Géminis será un maná para la habilidad de Capricornio de sacar provecho y ventajas. Pero si ambos signos consiguen establecer una relación de cualquier tipo, deberían poner su mejor voluntad para que durara.

Géminis - Acuario

Quizá se trate de la pareja ganadora. Se trata de dos signos que tienen muchas cosas en común. En primer lugar, el sentido de la recíproca libertad y la necesidad de conocer siempre cosas nuevas. En segundo término, el placer de la amistad, de la ampliación de los límites y la búsqueda de un estilo de vida distinto del convencional. Difícilmente, la relación entre Géminis y Acuario nace sólo de una atracción sexual, puesto que los dos dan prioridad a los intereses comunes y a la ampliación de la consciencia. Aunque se aman intensamente, nunca se permitirían invadir el campo del otro o ponerle límites de cualquier tipo. Los dos son individualistas, pero necesitan encontrar en su pareja al compañero adecuado y un punto de referencia.

Géminis - Piscis

Se trata de una pareja totalmente equivocada entre dos signos inestables que van en busca de una situación de calma que realmente no pueden encontrar en su unión. De ellos se deriva, después del enamoramiento y un periodo de éxtasis en el que se dejan de lado todas las diferencias, un encuentro de dos naturalezas totalmente distintas sin ninguna posibilidad de entendimiento. Piscis, que difícilmente consigue regular por sí solo su vida, pensará en la huida como única solución; Géminis perderá totalmente el interés, lo que provocará todavía más al otro, que hará grandes escenas. En esta situación, si uno de los dos no encuentra el coraje para cortar por lo sano, pueden producirse grandes daños. Si en cambio predomina la inteligencia, puede ser que Géminis consiga encontrar interesante a una pareja tan neurótica e imprevisible y que acabe aceptándola, pero con el riesgo de perder parte de su personalidad.

Cómo conquistar a Géminis

A una mujer Géminis

Si se la encuentra en un ambiente de amigos, haga que le preceda la fama de que se trata de un personaje muy comprometido. Luego, cuando ya la conozca, entable con ella grandes discusiones siguiendo su juego feminista. Dígale que está buscando a una mujer que sepa comprender sus necesidades intelectuales y que, desgraciadamente, el mundo cada vez carece más de este tipo de personas. Póngala al corriente de sus planes para el mes, es decir, un viaje aquí, otro allí, el teatro... Hágale pequeños regalos absolutamente inútiles pero sorprendentes, dígale que su verborrea y su presencia se adaptarían maravillosamente para sustituir a una determinada presentadora de televisión, etc.

A un hombre Géminis

Cuando en el horizonte aparece Géminis, es difícil que las cosas ocurran en silencio porque antes que él aparece su bonita voz, llena y brillante. Además de las ingeniosas bromas, Géminis es siempre un rayo de luz en la oscuridad del día. Tiene que decirle que la ha iluminado y que nunca había encontrado a una persona tan brillante e inteligente. La verdad es que está muy acostumbrado a estas afirmaciones pero si, mientras se lo dice, le lanza una mirada afectuosa y luego se muestra llena de energía como si su presencia hubiera encendido una mecha, su interés crecerá desmedidamente. Luego empiece a hablar de la última exposición a la que ha asistido o del último libro que ha leído, pídale su opinión y propóngale ir a ver juntos la última película de Woody Allen porque le interesa mucho su opinión, y ya lo habrá conquistado.

Cómo romper con Géminis

Con una mujer Géminis

Basta con mostrarse invasor y posesivo. No le dé la posibilidad de respirar y sométala a un fuego de continuas preguntas. Critique a las mujeres que quieren ser independientes y oblíguela a permanecer en casa. Muéstrese bastante dejado y nada interesado en lo que sucede en el mundo. Se librará de ella rápidamente.

Con un hombre Géminis

No es muy difícil porque su carácter es muy inconstante. Si quiere acelerar el proceso, no le escuche mientras habla o, peor todavía, deje que piense que ni siquiera lo ha oído. Cuando cuente alguna anécdota o pequeña aventura, mírelo con aire enfadado y no demuestre su aprecio en lo más mínimo. Coma de forma exagerada y deje que le sorprenda leyendo tebeos. Critique todas sus elecciones y bromee sobre su forma de vestir y las personas que él aprecia. No acepte sus invitaciones a salir de casa y haga que la encuentre siempre en pijama o, mejor todavía, tumbada.

La salud

Géminis gobierna los brazos, los hombros, la tráquea, los bronquios, los pulmones y el sistema nervioso periférico. De hecho, los Géminis son propensos a padecer bronquitis. Una simple corriente de aire puede ser peligrosa, puesto que el nativo de este signo no cuida mucho su salud. Debería recordar que el Aire, su elemento zodiacal, puede ser su amigo o su enemigo y que sólo él puede utilizarlo correctamente.

El temperamento del signo es del tipo sanguíneo-nervioso y, en consecuencia, Géminis, en continuo estado de excitación, puede sufrir debilitantes agotamientos nerviosos o, por lo menos, cansancio. Aunque normalmente es optimista y vital debido a su natural riqueza en hemoglobina, conoce periodos en los que se siente deprimido, pero su recuperación es siempre bastante rápida y sus notables capacidades intelectuales consiguen ayudar a su cuerpo.

Es muy fácil encontrar a un Géminis con problemas reumáticos o con fracturas en los hombros, los brazos y las muñecas, debidos casi siempre a los descuidos.

También es muy importante la posición de Mercurio, gobernador del signo y que domina, según las antiguas tradiciones, el sistema nervioso, los pulmones, el lenguaje y las orejas. Un Mercurio en mal aspecto en el tema natal puede provocar balbuceos, sordera, operaciones en las cuerdas vocales (también esta zona está dividida con Tauro) y graves problemas pulmonares. Todos los que tienen, además del Sol en Géminis, el ascendente o algunos planetas en Sagitario, Piscis y Virgo, en mal aspecto con Mercurio, pueden encontrarse también con problemas circulatorios, de la vista, del nervio ciático o con estreñimiento. Pero el punto más vulnerable de los Géminis es el sistema nervioso, que necesita periódicamente controles y curas apropiadas para que no se vea sometido a largas tensiones. Desgraciadamente, Géminis suele llevar con dificultad una vida regular, con horarios normales para las comidas y el descanso.

Desordenado por excelencia y acostumbrado a exigirse el máximo, se encuentra con trastornos de tipo psicosomático y alérgico. A veces atraviesa periodos en los que come de todo un poco y otros en los que es capaz de alimentarse sólo con una poco de arroz. También son muy importantes los descansos y las interrupciones periódicas de la actividad, con pequeños viajes y estancias en lugares divertidos para respirar aire puro, sobre todo cuando el nativo se da cuenta de que ha exagerado tanto con el cuerpo como con el espíritu. Tiene que evitar también el abuso del alcohol, del tabaco y, sobre todo, de los psicofármacos, que a menudo utiliza para calmar la tensión interior y que, a la larga, sólo le hacen daño. Son muy útiles para su organismo el clorato de potasio, que ayuda a combatir resfriados y rinitis, las decocciones de semillas de lino para la tos y una alimentación pobre en carne y rica en huevos, productos lácteos y verduras frescas. De todos modos, los Géminis tendrían que acostumbrarse desde niños a practicar gimnasia respiratoria para ampliar la caja torácica y permitir a los pulmones funcionar al máximo. Además, deberían dedicar cada día algo de tiempo a ejercicios de yoga y a otras técnicas de relajación y de programación positiva, como el *training* autógeno y la psicodinámica, y luchar de esta forma contra cualquier enfermedad producida por el agotamiento.

Ficha del signo

Elemento: Aire
Calidad del signo: móvil, masculino
Planeta dominante: Mercurio
Longitud en el Zodiaco: de 60 a 90°
Casa zodiacal: III
Periodo estacional: final de la primavera
Estrellas fijas: Aldebarán, Alnilam, Bellatrix, Betelgeuse, Capella, El Nath, Menkalinam, Polar, Rigel
Color: amarillo
Día de la semana: miércoles
Piedra: ágata, ojo de gato, ópalo
Metal: mercurio
Perfume: tabaco, especias mixtas
Lema: Yo pienso
Cartas del tarot: el Enamorado
Países, regiones y ciudades: EE. UU., Cerdeña, Londres, Toronto
Analogías: la agilidad, el eclecticismo, la mediación, el periodismo, los viajes, los medios de transporte, las alas y los brazos, la diplomacia, la juventud, la curiosidad, el caballo

Personajes famosos que pertenecen a este signo

Entre las mujeres Géminis famosas podemos señalar a dos que representan realmente los prototipos del signo: Raffaella Carrà, nacida el 6 de junio, y Marylin Monroe, nacida el 1 de junio.

Raffaella Carrà, mujer perennemente joven, simpática, con una carga extraordinaria que hace que la quieran pequeños y grandes, sabe conversar brillantemente, ejercer de periodista y presentadora, bailar, cantar y entretener al público. Ha pasado a través de varias experiencias pero siempre ha permanecido fiel a su eclecticismo y, en definitiva, a su independencia.

Marylin Monroe, casi 50 años después de su desaparición, está más viva que nunca en el recuerdo de todos, y quizá, si no hubiera intentado calmar su tensión nerviosa con psicofármacos, todavía se encontraría viva entre nosotros con su juventud imperecedera.

Y quién no recuerda al genial Tony Curtis, uno de los actores más simpáticos y atractivos de la era dorada de Hollywood, nacido el 3 de junio de 1925, que era capaz de inventarse las historias más rocambolescas pero que se hacía querer.

Otros personajes nacidos en el signo de Géminis son: Dante Alighieri (27 de mayo de 1265), Jean-Paul Sartre (21 de mayo de 1905), Laurence Olivier (22 de mayo de 1907), John Wayne (26 de mayo de 1907), John Fitzgerald Kennedy (29 de mayo de 1917), Dean Martin (7 de junio de 1926), Clint Eastwood (31 de mayo de 1933), Bob Dylan (24 de mayo de 1941), Johnny Depp (9 de junio de 1963), Lenny Kravitz (26 de mayo de 1964) y Angelina Jolie (4 de junio de 1975).

Segunda parte

EL ASCENDENTE

Cómo calcular el ascendente

El ascendente tiene una importancia fundamental entre los factores astrales que caracterizan un horóscopo. El signo en el que se encuentra el ascendente es el que en el momento del nacimiento se levantaba en el horizonte, y cambia según la hora y el lugar en que se produjo.

El ascendente puede definirse como el punto de partida de las posibilidades de desarrollo individual; describe a la persona en sus características más evidentes: el comportamiento, las reacciones instintivas, las tendencias más naturales y manifiestas, e influye también en el aspecto físico. Muy a menudo, el individuo se reconoce más en las características típicas del ascendente que en las del signo solar al que pertenece: esto sucede porque el ascendente es la imagen consciente que tenemos de nosotros mismos y que manifestamos a los demás.

El ascendente, además, al caracterizar la constitución física, proporciona informaciones muy interesantes en el plano de la salud, pues indica los órganos y las partes del cuerpo más sujetas a trastornos y al tipo de estímulos a los que el individuo reacciona más rápidamente.

La presencia de los planetas en conjunción con el ascendente intensifica la personalidad y resalta algunas de las características, que de esta forma adquieren una evidencia particular: por ejemplo, encanto y amabilidad en el caso de Venus, y agresividad y competitividad en Marte.

Cálculo del ascendente

Los datos necesarios para calcular el ascendente son los siguientes: fecha, lugar y hora exacta del nacimiento (en el caso de que no se conozca la hora, se puede pedir en el registro la partida de nacimiento). Se acepta una aproximación de unos 15-20 minutos.

El procedimiento es sencillo, y sólo con algunos cálculos se podrá obtener la posición del ascendente con cierta precisión.

Pongamos un ejemplo con un nacimiento que tuvo lugar en Burgos, el 15 de junio de 1970 a las 17 h 30 min (hora oficial).

1. La primera operación que se debe hacer siempre será consultar la tabla de la pág. 65 para ver si en ese momento había alguna alteración horaria con respecto a la hora de Greenwich (que es la referencia horaria mundial y el meridiano patrón para España). En el caso de este ejemplo, había una diferencia de una hora y por ello es necesario restar una hora de la hora de nacimiento. Por lo tanto, tendremos: 17 h 30 min – 1 h (huso horario) = 16 h 30 min.

En cambio, en el caso de no haber horario de verano, no se deberá restar nada; pero si hay dos horas de diferencia con la hora oficial, entonces habrá que restarlas.

2. El resultado que se obtiene se suma a la hora sideral, que se puede localizar en la tabla de la pág. 72.

La hora sideral para la fecha que hemos tomado como ejemplo es 17 h 31 min; por lo tanto: 16 h 30 min + 17 h 31 min = 33 h 61 min. Pero este resultado precisa una corrección: de hecho, es necesario recordar que estamos realizando operaciones sexagesimales (es decir, estamos sumando horas, minutos y segundos).

Los minutos no pueden superar los 60, que es el número de minutos que hay en una hora. Por ello, el resultado se tiene que modificar transportando estos 60 minutos a la izquierda, transformándolos en 1 hora y dejando invariable el número de minutos restantes. Corregido de esta forma, el resultado original de 33 h 61 min se ha convertido en 34 h 1 min.

3. A continuación, para llegar hasta la determinación exacta del tiempo sideral de nacimiento, es necesario sumar al resultado obtenido la longitud traducida en tiempo relativa al lugar de nacimiento. La tabla de la pág. 69 proporciona la longitud en tiempo de las principales ciudades españolas: En el caso de Burgos, que es la ciudad del ejemplo, tenemos que restar 14 min 49 s. Podemos quitar los segundos para facilitar el procedimiento, ya que no altera prácticamente el resultado.

Para poder restar los minutos, debemos transformar una hora en minutos. Quedará así: 34 h 01 min = 33 h 61 min; 33 h 61 min – 14 min = 33 h 47 min.

Puesto que el resultado supera las 24 horas que tiene un día, es necesario restar 24.

Finalmente quedará así: 33 h 47 min – 24 h = 9 h 47 min, que indica el tiempo sideral de nacimiento.

4. Después de obtener, finalmente, este dato, sólo tendremos que consultar la tabla de la pág. 64 para descubrir en qué signo se encuentra el ascendente: en el caso que hemos tomado como ejemplo, el ascendente se encuentra en el signo de Escorpio.

Para resumir el procedimiento que hay que seguir, lo presentamos en este esquema, que puede ser útil para realizar el cálculo del propio ascendente.

```
........  −  HORA DE NACIMIENTO  −
1.00    =  1 HORA DE HUSO  = (en caso necesario hay que restar 2 horas)
........  +  HORA DE GREENWICH  +
........  =  HORA SIDERAL (tabla de la pág. 72)  =

........  +  RESULTADO  +
........  =  LONGITUD EN TIEMPO
             (tabla de la pág. 69)  =

........     TIEMPO SIDERAL DE NACIMIENTO

TIEMPO SIDERAL DE NACIMIENTO = ...............................
ASCENDENTE (tabla en esta página) = ...............................
```

N.B. Al hacer los cálculos, hay que recordar siempre que se debe verificar que los minutos no superen los 60 y las horas las 24, y realizar las oportunas correcciones, como muestra el ejemplo. También se pueden efectuar estas al final del cálculo todas juntas.

BUSQUE AQUÍ SU ASCENDENTE

de 0.35' a 3.17'	ascendente en Leo
de 3.18' a 6.00'	ascendente en Virgo
de 6.01' a 8.43'	ascendente en Libra
de 8.44' a 11.25'	ascendente en Escorpio
de 11.26' a 13.53'	ascendente en Sagitario
de 13.54' a 15.43'	ascendente en Capricornio
de 15.44' a 17.00'	ascendente en Acuario
de 17.01' a 18.00'	ascendente en Piscis
de 18.01' a 18.59'	ascendente en Aries
de 19.00' a 20.17'	ascendente en Tauro
de 20.18' a 22.08'	ascendente en Géminis
de 22.09' a 0.34'	ascendente en Cáncer

CAMBIOS HORARIOS EN ESPAÑA

Se resta 1 h a los nacidos en:

• 1918, entre el 15 de abril a las 23.00 h y el 6 de octubre a las 00.00 h.

• 1919, entre el 6 de abril a las 23.00 h y el 6 de octubre a las 00.00 h.

No se suma ni se resta nada a los nacidos entre 1920 y 1923.

Se resta 1 h a los nacidos en:

• 1924, entre el 16 de abril a las 23.00 h y el 4 de octubre a las 00.00 h.

No se suma ni se resta nada a los nacidos en el año 1925.

Se resta 1 h a los nacidos en:

• 1926, entre el 17 de abril a las 23.00 h y el 2 de octubre a las 00.00 h.

• 1927, entre el 9 de abril a las 23.00 h y el 1 de octubre a las 00.00 h.

• 1928, entre el 14 de abril a las 23.00 h y el 6 de octubre a las 00.00 h.

• 1929, entre el 20 de abril a las 23.00 h y el 6 de octubre a las 00.00 h.

No se suma ni se resta nada a los nacidos entre 1930 y 1936.

Se resta 1 h a los nacidos en:

• 1937, zona republicana, entre el 16 de junio a las 23.00 h y el 6 de octubre a las 00.00 h; zona nacional, entre el 22 de mayo a las 23.00 h y el 2 de octubre a las 00.00 h.

• 1938, zona republicana, entre el 2 de abril a las 23.00 h y el 30 de abril a las 23.00 h.

Se restan 2 h a los nacidos en:

- 1938, zona republicana, entre el 30 de abril a las 23.00 h y el 2 de octubre a las 00.00 h.

Se resta 1 h a los nacidos en:

- 1938, zona republicana, entre el 2 de octubre a las 00.00 h y el 31 de diciembre a las 00.00 h.

Se resta 1 h a los nacidos en:

- 1938, zona republicana, entre el 26 de marzo y el 1 de octubre a las 00.00 h.

- 1939, zona republicana, entre el 1 de enero y el 1 de abril; zona nacional, entre el 15 de abril a las 23.00 h y el 7 de octubre a las 00.00 h.

- 1940, entre el 16 de marzo a las 23.00 h y el 31 de diciembre a las 00.00 h.

Se resta 1 h a los nacidos en 1941.

Se resta 1 h a los nacidos en:

- 1942, entre el 1 de enero y el 2 de mayo a las 23.00 h.

Se restan 2 h a los nacidos en:

- 1942, entre el 2 de mayo a las 23.00 h y el 1 de septiembre a las 00.00 h.

- 1943, entre el 17 de abril a las 23.00 h y el 2 de octubre a las 00.00 h.

- 1944, entre el 17 de abril a las 23.00 h y el 1 de octubre a la 1.00 h.

- 1945, entre el 14 de abril a las 23.00 h y el 30 de septiembre a la 1.00 h.

- 1946, entre el 13 de abril a las 23.00 h y el 28 de septiembre a las 00.00 h.

- 1949, entre el 30 de abril a las 23.00 h y el 2 de octubre a la 1.00 h.

Se resta 1 h a los nacidos en fechas que no se han citado anteriormente entre los años 1942 y 1949.

Se resta 1 h a los nacidos entre 1950 y 1973.

Se restan 2 h a los nacidos en:

- 1974, entre el 13 de abril a las 23.00 h y el 6 de octubre a la 1.00 h.
- 1975, entre el 12 de abril a las 23.00 h y el 4 de octubre a las 00.00 h.
- 1976, entre el 27 de marzo a las 23.00 h y el 25 de septiembre a las 00.00 h.
- 1977, entre el 2 de abril a las 23.00 h y el 24 de septiembre a las 00.00 h.
- 1978, entre el 2 de abril a las 2.00 h y el 30 de septiembre a las 3.00 h.
- 1979, entre el 1 de abril a las 2.00 h y el 30 de septiembre a las 3.00 h.
- 1980, entre el 6 de abril a las 2.00 h y el 26 de septiembre a las 2.00 h.
- 1981, entre el 29 de marzo a las 2.00 h y el 27 de septiembre a las 3.00 h.
- 1982, entre el 29 de marzo a las 2.00 h y el 27 de septiembre a las 2.00 h.
- 1983, entre el 27 de marzo a las 2.00 h y el 25 de septiembre a las 2.00 h.
- 1984, entre el 24 de marzo a las 2.00 h y el 30 de septiembre a las 3.00 h.
- 1985, entre el 31 de marzo a las 2.00 h y el 29 de septiembre a las 3.00 h.
- 1986, entre el 29 de marzo a las 2.00 h y el 27 de septiembre a las 3.00 h.
- 1987, entre el 29 de marzo a las 2.00 h y el 27 de septiembre a las 3.00 h.
- 1988, entre el 27 de marzo a las 2.00 h y el 25 de septiembre a las 3.00 h.
- 1989, entre el 26 de marzo a las 2.00 h y el 24 de septiembre a las 3.00 h.
- 1990, entre el 25 de marzo a las 2.00 h y el 29 de septiembre a las 3.00 h.

- 1991, entre el 24 de marzo a las 2.00 h y el 29 de septiembre a las 3.00 h.
- 1992, entre el 29 de marzo a las 2.00 h y el 27 de septiembre a las 3.00 h.
- 1993, entre el 28 de marzo a las 2.00 h y el 26 de septiembre a las 3.00 h.
- 1994, entre el 27 de marzo a las 2.00 h y el 25 de septiembre a las 3.00 h.
- 1995, entre el 26 de marzo a las 2.00 h y el 24 de septiembre a las 3.00 h.
- 1996, entre el 24 de marzo a las 2.00 h y el 27 de octubre a las 3.00 h.
- 1997, entre el 30 de marzo a las 2.00 h y el 26 de octubre a las 3.00 h.
- 1998, entre el 29 de marzo a las 2.00 h y el 25 de octubre a las 3.00 h.
- 1999, entre el 27 de marzo a las 2.00 h y el 30 de octubre a las 3.00 h.
- 2000, entre el 26 de marzo a las 2.00 h y el 29 de octubre a las 3.00 h.
- 2001, entre el 25 de marzo a las 2.00 h y el 28 de octubre a las 3.00 h.
- 2002, entre el 31 de marzo a las 2.00 h y el 27 de octubre a las 3.00 h.
- 2003, entre el 30 de marzo a las 2.00 h y el 26 de octubre a las 3.00 h.
- 2004, entre el 28 de marzo a las 2.00 h y el 31 de octubre a las 3.00 h.
- 2005, entre el 27 de marzo a las 2.00 h y el 30 de octubre a las 3.00 h.
- 2006, entre el 26 de marzo a las 2.00 h y el 29 de octubre a las 3.00 h.
- 2007, entre el 25 de marzo a las 2.00 h y el 28 de octubre a las 3.00 h.
- 2008, entre el 30 de marzo a las 2.00 h y el 26 de octubre a las 3.00 h.
- 2009, entre el 29 de marzo a las 2.00 h y el 25 de octubre a las 3.00 h.
- 2010, entre el 28 de marzo a las 2.00 h y el 31 de octubre a las 3.00 h.
- 2011, entre el 27 de marzo a las 2.00 h y el 30 de octubre a las 3.00 h.

Se resta 1 h a los nacidos entre 1974 y 1990 en las fechas que no figuran entre las anteriores.

TABLA DE COORDENADAS
DE LAS PRINCIPALES CIUDADES DE ESPAÑA

Ciudad	Latitud	Longitud
A CORUÑA	43° 23'	– 33' 34"
ALBACETE	39° 00'	– 7' 25"
ALCUDIA	39° 52'	+ 11' 36"
ALGECIRAS	36° 09'	– 21' 52"
ALICANTE	38° 20'	– 1' 56"
ALMERÍA	36° 50'	– 9' 52"
ÁVILA	40° 39'	– 18' 47"
BADAJOZ	38° 53'	– 27' 53"
BARCELONA	41° 23'	+ 8' 44"
BILBAO	43° 15'	– 11' 42"
BURGOS	42° 20'	– 14' 49"
CÁCERES	39° 28'	– 25' 29"
CADAQUÉS	42° 17'	+ 13' 08"
CÁDIZ	36° 32'	– 25' 11"
CALATAYUD	41° 20'	– 6' 40"
CARTAGENA	37° 38'	– 3' 55"
CASTELLÓN	39° 50'	– 0' 09"
CIUDAD REAL	38° 59'	– 15' 43"
CIUDAD ROGRIGO	40° 36'	– 26' 08"
CÓRDOBA	37° 53'	– 19' 07"
CUENCA	40° 04'	– 8' 32"
ÉIBAR	43° 11'	– 11' 52"
ELCHE	38° 15'	– 2' 48"
FRAGA	41° 32'	– 1' 24"
FUERTEVENTURA	28° 30'	– 56' 00"

Ciudad	Latitud	Longitud
GERONA	41° 59'	+ 11' 18"
GIJÓN	43° 32'	− 22' 48"
GOMERA	28° 10'	− 1 h 08' 20"
GRANADA	37° 11'	− 14' 24"
GUADALAJARA	40° 38'	− 12' 39"
HIERRO	27° 57'	− 1 h' 44"
HUELVA	37° 16'	− 27' 47"
HUESCA	42° 08'	− 1' 38"
IBIZA	38° 54'	+ 5' 44"
JAÉN	37° 46'	− 15' 09"
LA PALMA	25° 40'	− 1 h 11' 20"
LANZAROTE	29° 00'	− 54' 40"
LAS PALMAS G. C.	28° 06'	− 1 h 01' 40"
LEÓN	42° 36'	− 22' 16"
LÉRIDA	41° 37'	+ 2' 30"
LINARES	38° 06'	− 14' 32"
LOGROÑO	42° 28'	− 9' 47"
LORCA	37° 41'	− 6' 48"
LUGO	43° 01'	− 30' 14"
MADRID	40° 24'	− 14' 44"
MAHÓN	39° 50'	+ 17' 12"
MÁLAGA	36° 43'	− 17' 41"
MANACOR	39° 34'	+ 12' 53"
MANRESA	41° 44'	+ 7' 20"
MARBELLA	36° 30'	− 19' 36"
MIERES	43° 15'	− 23' 04"
MURCIA	37° 59'	− 4' 31"

Ciudad	Latitud	Longitud
ORENSE	42° 20'	– 31' 27"
OVIEDO	43° 22'	– 23' 22"
PALENCIA	42° 00'	– 18' 08"
P. MALLORCA	39° 34'	+ 10' 36"
PAMPLONA	42° 49'	– 6' 36"
PLASENCIA	40° 03'	– 24' 32"
PONFERRADA	42° 33'	– 26' 20"
PONTEVEDRA	42° 26'	– 34' 36"
SALAMANCA	40° 57'	– 22' 40"
SAN SEBASTIÁN	43° 19'	– 7' 56"
STA. CRUZ DE TENERIFE	28° 28'	– 1 h 5' 57"
SANTIAGO DE COMP.	42° 52'	– 34' 12"
SANTANDER	43° 28'	– 15' 13"
SEGOVIA	40° 57'	– 16' 30"
SEVILLA	37° 23'	– 23' 58"
SORIA	41° 46'	– 9' 52"
TARRAGONA	41° 07'	+ 5' 02"
TERUEL	40° 20'	– 4' 26"
TOLEDO	39° 51'	– 16' 05"
TORTOSA	40° 49'	+ 2' 04"
TUDELA	42° 04'	– 6' 24"
VALENCIA	39° 28'	– 1' 30"
VALLADOLID	41° 39'	– 18' 53"
VIELLA	42° 42'	+ 3' 16"
VIGO	42° 18'	– 34' 44"
VITORIA	42° 51'	– 10' 42"
ZAMORA	41° 30'	– 23' 01"
ZARAGOZA	41° 34'	– 3' 31"

TABLA PARA LA BÚSQUEDA DE LA HORA SIDERAL

Día	En.	Feb.	Mar.	Abr.	May.	Jun.	Jul.	Ag.	Sept.	Oct.	Nov.	Dic.
1	6.36	8.38	10.33	12.36	14.33	16.36	18.34	20.37	22.39	0.37	2.39	4.38
2	6.40	8.42	10.37	12.40	14.37	16.40	18.38	20.41	22.43	0.41	2.43	4.42
3	6.44	8.46	10.40	12.44	14.41	16.43	18.42	20.45	22.47	0.45	2.47	4.46
4	6.48	8.50	10.44	12.48	14.45	16.47	18.46	20.49	22.51	049	2.51	4.50
5	6.52	8.54	10.48	12.52	14.49	16.51	18.50	20.53	22.55	0.53	2.55	4.54
6	6.56	8.58	10.52	12.55	14.53	16.55	18.54	20.57	22.59	0.57	2.59	4.57
7	7.00	9.02	10.56	12.58	14.57	16.59	18.58	21.00	23.03	1.01	3.03	5.01
8	7.04	9.06	11.00	13.02	15.01	17.03	19.02	21.04	23.07	1.05	3.07	5.05
9	7.08	9.10	11.04	13.06	15.05	17.07	19.06	21.08	23.11	1.09	3.11	5.09
10	7.12	9.14	11.08	13.10	15.09	17.11	19.10	21.12	23.14	1.13	3.15	5.13
11	7.15	9.18	11.12	13.15	15.13	17.15	19.14	21.16	23.18	1.17	3.19	5.17
12	7.19	9.22	11.16	13.18	15.17	17.19	19.18	21.20	23.22	1.21	3.23	5.21
13	7.23	9.26	11.20	13.22	15.21	17.23	19.22	21.24	23.26	1.25	3.27	5.25
14	7.27	9.30	11.24	13.26	15.24	17.27	19.26	21.28	23.30	1.29	3.31	5.29
15	7.31	9.33	11.28	13.30	15.28	17.31	19.30	21.32	23.34	1.32	3.35	5.33

16	7.35	9.37	11.32	13.34	15.32	17.34	19.34	21.36	23.38	1.36	3.39	5.37
17	7.39	9.41	11.36	13.38	15.36	17.38	19.38	21.40	23.42	1.40	3.43	5.41
18	7.43	9.45	11.40	13.42	15.40	17.42	19.42	21.44	23.46	1.44	3.47	5.45
19	7.47	9.49	11.44	13.46	15.44	17.46	19.46	21.48	23.50	1.48	3.50	5.49
20	7.51	9.53	11.48	13.50	15.48	17.50	19.49	21.52	23.54	1.52	3.54	5.53
21	7.55	9.57	11.52	13.54	15.52	17.54	19.53	21.56	23.58	1.56	3.58	5.57
22	7.59	10.01	11.55	13.58	15.56	17.58	19.57	22.00	0.02	2.00	4.02	6.01
23	8.03	10.05	11.58	14.02	16.00	18.02	20.02	22.04	0.06	2.04	4.06	6.05
24	8.07	10.09	12.02	14.06	16.04	18.06	20.06	22.08	0.10	2.06	4.10	6.09
25	8.11	10.13	12.06	14.10	16.08	18.10	20.10	22.12	0.14	2.12	4.14	6.13
26	8.15	10.17	12.10	14.14	16.12	18.14	20.14	22.16	0.18	2.16	4.18	6.17
27	8.19	10.21	12.14	14.18	16.16	18.18	20.18	22.20	0.23	2.20	4.22	6.21
28	8.23	10.25	12.18	14.22	16.20	18.22	20.22	22.24	0.26	2.24	4.26	6.24
29	8.26	10.29	12.22	14.26	16.24	18.26	20.26	22.27	0.30	2.28	4.30	6.28
30	8.30		12.26	14.29	16.28	18.30	20.30	22.31	0.34	2.32	4.34	6.32
31	8.34		12.30		16.32		20.33	22.35		2.36		6.36

Si usted es Géminis con ascendente...

Géminis con ascendente Aries

Brillante pero a veces temerario, especialmente en las palabras, esta persona tiene un envidiable espíritu de iniciativa y una concepción de la vida bastante desenvuelta. Entre el pensamiento y la acción pasa el espacio de un segundo, y esto a veces puede revelarse como algo peligroso, sobre todo en los casos en los que, antes de actuar o de hablar, se necesita ponderación. De todos modos, en general, está siempre lleno de entusiasmo y de confianza, que reparte a manos llenas hacia todos los que tienen la suerte de pasar por su lado, independientemente de su valor o de la calidad de la relación. La inteligencia está más viva que nunca y muy fácilmente consigue, en poco tiempo, alcanzar una buena situación económica y social. Particularmente dotado para el periodismo activo, puede dar lo mejor de sí mismo cuando es capaz de moverse y tomar la iniciativa. La salud es casi siempre muy buena y la disponibilidad a los cambios también.

Géminis con ascendente Tauro

La capacidad de ganar dinero, que no destaca en el nativo puro de Géminis, adquiere aquí connotaciones mucho más precisas y viables. El placer de la abstracción, tan querida por el signo, pierde su importancia en esta combinación y el nativo pone casi toda su inteligencia al servicio de las realizaciones prácticas y económicas. Se obtiene de esta forma un nativo de Géminis muy determinado por lo que se refiere al camino que debe recorrer para alcanzar sus metas; la racionalidad se mezcla al mismo tiempo y de forma ideal con la sensualidad de Tauro, mientras desaparecen casi del todo las típicas notas de frivolidad y de transformismo. También el amor tendrá sus ventajas: el nativo, de hecho, será menos voluble y mucho más fiel y encontrará detalles pasionales que, de otro modo, le serían desconocidos. El aspecto negativo es la capacidad de utilizar su sagacidad a voluntad para alcanzar sus fines.

Géminis con ascendente Géminis

Doble aire y doble movilidad, en el bien y en el mal, dan vida a una persona capaz de utilizar su inteligencia en el mundo de la manera más sutil posible y de sujetar al vuelo cualquier indicio intelectual para hacerlo propio. Interesado en lo que sucede en todo el mundo, del que se siente ciudadano de pleno derecho, no consigue, por otra parte, detenerse mucho ni en las ideas ni en las propuestas. Su exposición verbal, si no existen malos aspectos de Saturno o de Marte, es brillante e ingeniosa: de hecho, es capaz de entretener a un auditorio durante un tiempo incalculable, quizás hablando simplemente sobre la forma de un vaso, sin que nadie se aburra. Por lo tanto, es la persona más adecuada para todas las actividades típicas de los Géminis puros: de forma particular, locutor radiofónico, periodista y comercial. Físicamente, gozará de una esbeltez envidiable y una cara expresiva y juvenil durante años.

Géminis con ascendente Cáncer

Para estos nativos no es fácil alcanzar la felicidad, puesto que los conflictos interiores tienden a tomar la delantera y a crear problemas de la nada. Se trata, de todos modos, de individuos extremadamente sensibles, pero que tienen que sacar las cuentas con una inteligencia que, a menudo, quiere negar el valor de los sentimientos en virtud de una racionalidad abstracta. Cuando las cualidades típicas de los dos signos consiguen mezclarse y la sensibilidad y la inteligencia van al mismo paso, el sujeto se revela como una persona extraordinaria. La capacidad de comprensión de los problemas ajenos puede convertirse en el hilo conductor de toda la vida, con una atención particular hacia los niños, los adolescentes y los ancianos. No faltarán las dotes de espiritualidad, sostenidas por una visión realista de los hechos y de los acontecimientos, mientras que la capacidad de amar asumirá, a veces, el aspecto de una caridad activa o de una realización familiar.

Géminis con ascendente Leo

¡Qué personalidad! El individuo con esta combinación aparece en cualquier ambiente y sobresale entre una miríada de personas por su rapidez de reflejos y la autoridad natural que lo caracterizan. La inteligencia no se pierde en inútiles abstracciones, sino que se pone al servicio de la vida en todos sus aspectos. La voluntad y la necesidad de expansión se canalizan hacia la sustancia de las cosas, y la ambición no obstaculiza ninguna meta. De hecho, todo le está permitido y el éxito profesional y social está asegurado, siempre que lo quiera y no se deje influenciar por aspectos negativos del Sol y de Mercurio.

Generoso y sin mezquindad, puede pecar, sin embargo, de presunción o de ingenuidad, puesto que la combinación de sus naturalezas adolescente y solar no implican pensamientos profundos. De todos modos, la actitud hacia la vida y la libertad ajena se basa en general en la máxima comprensión.

Géminis con ascendente Virgo

La capacidad de observación y de síntesis asume con esta combinación valores destacados que si, por una parte, pueden llevarnos a una visión de la realidad sin mácula, por la otra también pueden dar vida a una persona bastante fría o inhibida exteriormente o que pasa de manifestaciones inhibitorias a otras extrovertidas. Muy a menudo, el ascenso hacia el éxito se ve frenado por actitudes que pueden alienar la simpatía ajena o se consideran demasiado interesantes. Se pueden aconsejar en individuos con esta personalidad, sobre todo para utilizar de la mejor forma posible los rasgos positivos, todas las profesiones en las que las capacidades intelectivas puedan explotarse, sobre todo en los campos afines a Mercurio: desde el comercio a la comunicación en general, del periodismo al mundo editorial y, en cualquier caso, los sectores de la enseñanza o de la abogacía. Pueden surgir frecuentes trastornos psicosomáticos relacionados con la ansiedad.

Géminis con ascendente Libra

En esta combinación, Géminis aumenta el esnobismo del que siempre está afectado, pero también lo hacen las dotes de diplomacia y de corrección. El aspecto es siempre particularmente atractivo, con una gracia juvenil que se manifiesta hasta en la madurez y que, unida a la inteligencia y al sentido artístico, da vida a un individuo admirado y apreciado por todos. La simpatía y la sociabilidad son los puntos ganadores de esta personalidad que, por otro lado, puede caer en un exceso de superficialidad si otros elementos del cielo de nacimiento no aportan alguna modificación. El placer de lo efímero privilegia la sustancia y la interioridad, a menos que sus dotes artísticas, filosóficas o comerciales canalicen estas características en verdaderas profesiones. En este caso se tratará de una persona cuya compañía será apreciada por todos y a quien el éxito le será favorable.

Géminis con ascendente Escorpio

Se trata de una combinación excelente en que la inteligencia de Mercurio se pone al servicio de la búsqueda de Escorpio. Se obtiene de esta forma una persona extremadamente aguda, cuya inteligencia es capaz de llegar a descubrimientos excepcionales y, al mismo tiempo, es capaz de no perder nunca el coraje en ninguna circunstancia de la vida. La capacidad de renacimiento es excepcional, pero también la de estar siempre discutiendo. El encanto juvenil que los Géminis suelen emanar normalmente se modifica en algo más misterioso que incluso puede llegar a atemorizar alguna vez, puesto que se percibe una fuerza realmente inconmensurable.

Se trata de todos modos de un sujeto bastante celoso, que tiende a abusar del poder que tiene sobre las personas con las que comparte el día a día. Se trata de un individuo temible si otros elementos del horóscopo de nacimiento no señalan una bondad de fondo.

Géminis con ascendente Sagitario

Se trata de una bonita combinación, que regala al Géminis una gran simpatía y la capacidad de convivir con el prójimo sin demasiados traumas. Se potencian también todas las características de los dos signos relacionados con el movimiento, por lo que se tratará siempre de un sujeto con una gran necesidad de viajar, especialmente en compañía, y de vivir continuamente nuevas experiencias. La vida asociativa y la familiar, salvo otros aspectos negativos, gozarán de atmósferas benéficas y, sobre todo, de gustos comunes que harán que el nativo se encuentre en perfecta sintonía consigo mismo y con los demás y con un considerable optimismo de fondo. El interés por todas las manifestaciones de la vida será un elemento destacado en la personalidad de este sujeto, pero estará también unido a una considerable sabiduría y a la capacidad de compenetrarse con las necesidades ajenas. En caso de aspectos negativos, sobre todo de Júpiter, pueden surgir problemas en el hígado.

Géminis con ascendente Capricornio

Se trata en cualquier caso de un nativo anómalo de este signo, que a veces vivirá una cierta disociación en la personalidad. Pero si Géminis, con su destacada inteligencia, consigue aceptar las características de Capricornio que habitan en él, podrá extraer un beneficio sin igual. Si la brillantez intelectual se une con la solidez y la determinación de Capricornio, nada ni nadie podrá detener a este individuo y, aunque alguna vez se le considere algo frío, no podremos negarle las excepcionales cualidades que lo ayudan. Aunque la vida cotidiana no resulte muy sencilla y la salud deje seguramente mucho que desear, la fuerza interior conseguirá superar todas las dificultades. Se deben tener bajo control los huesos por el riesgo de enfermedades, especialmente si Saturno tiene algún mal aspecto.

Géminis con ascendente Acuario

La típica necesidad de espacio del signo encuentra en Acuario la salida ideal, tanto por lo que se refiere a la movilidad de la inteligencia como por la necesidad de libertad. Quizá los mortales comunes podrán encontrar un poco extravagante a un individuo así, en particular si se trata de una mujer, pero es cierto que de ellos llegarán siempre indicaciones de nuevos caminos a recorrer o ideas futuristas para poner en practica. Los proyectos estarán a la orden del día, siempre dominados por una amplia visión de la humanidad o, por lo menos, de aquello que puede ser útil a todo el mundo. Lo que para los demás es una utopía, para ellos, en cambio, es perfectamente realizable y digno de emprender una aventura. Quizá Julio Verne tenía esta combinación astrológica, pero se puede decir que aquello que define a estos nativos es la necesidad de llegar allí donde los demás no piensan ni siquiera en ir.

Géminis con ascendente Piscis

Se trata de una combinación difícil pero que puede tener salidas evolutivas impensables. Cuanto más utiliza Géminis el intelecto, más se fía Piscis de las sensaciones: de esta diferencia nace una personalidad muy rica, pero muy a menudo incomprensible, que pasa de la racionalidad más fría al sentimentalismo más absoluto. El razonamiento tiene, por lo tanto, ciertas dificultades para convivir con el sentimiento y puede llevar a una neurosis de base que repercuta en la vida personal y profesional. En los mejores casos, el sujeto puede llegar a contener con inteligencia la parte de Piscis que tiende a sacarlo de sus casillas; también, las capacidades típicas de Géminis podrían encontrar en su ascendente una forma de expresión artística y, por lo tanto, convertirse en escritores de enorme fantasía. En cambio, el nativo de este signo se dedica bastante a menudo al comercio de material fantástico o al de vinos, licores, tabaco, etc.

Tercera parte

PREVISIONES PARA 2019

Previsiones para Géminis en 2019

Vida amorosa

Enero

En este periodo se harán evidentes los cambios a la hora de encarar cualquier tipo de relación, una vez sopesados los pros y contras de su situación actual. Esto será más evidente durante la primera mitad del mes; en la segunda quincena, se le aclararán más las ideas.

Será más probable que comparta con sus amigos momentos de fantasía y de afecto. Vivirá un incremento de relaciones virtuales.

Febrero

El clima vivido en enero continuará durante gran parte de este mes, aunque con una mayor libertad para moverse en ambientes diversos; otro asunto es que cuaje alguna relación romántica. Además, empezará a frecuentar a un tipo de persona aparentemente fuera de sus intereses, pero que en este momento le conviene.

Además, aumentarán los momentos de simpatía y complicidad con aquellos que le rodean. Dispondrá de una buena oportunidad para conocer a alguien interesante hacia mediados del mes.

Marzo

Durante la primera quincena del mes puede contar con tres personas que quizá le ayuden a conseguir sus propósitos. También se trata de un momento en el que le asaltarán dudas, pero se asombrará al ver cómo, sin explicitarlos, podrá conseguir sus objetivos. Con la primavera retomará la espontaneidad y las ganas de pasarlo bien: su cambio de imagen refleja esta tendencia. Los pensamientos sobre posibles relaciones más serias y comprometidas estarán bastante alejados, al menos hasta nueva orden.

Abril

Desde Pascua es posible que se produzcan algunos sucesos, tanto en el amor como en las amistades, que pueden tener una repercusión duradera. Una cita con una persona de confianza le permitirá desahogarse de las tensiones generales. Durante el último tercio del mes se centrará más en lo que le parece prioritario; quizá considere que los ligues y los romances no lo son. Si debe reconducir una relación, este no será el mejor momento, a no ser que esté con alguien que lo comprenda.

Mayo

Las situaciones vividas en los ámbitos profesional y privado, aunque le resultarán conocidas, le cansarán, por lo que salir y divertirse puede tomárselo como una liberación de lo cotidiano. Hacia los días 8 y 9 es posible que disfrute de un fin de semana animado, aunque no esté muy comunicativo; sin embargo, durante el siguiente, parece que va a ir a contracorriente, ya que en el ambiente general predominarán las confusiones y los líos. Como buen observador que es, notará que hay muchas cosas que están cambiando, debido a alejamientos o a cambios de rumbo en su entorno. Con el inicio de la visita del Sol a su signo el día 21, todo lo anterior se verá más acusado.

Junio

En la primera quincena del mes, tendrá la moral más alta, verá con nuevos ojos los problemas internos de su vida afectiva y advertirá una posibilidad de mejorarlos. Los cambios de su entorno se harán más notorios e, incluso, se verá sometido a ellos, tanto en el ámbito laboral como en los estudios o en las relaciones afectivas. A mediados de mes, tendrá una idea más precisa de la psicología de las personas y de las reglas del juego, lo que afectará positivamente a sus relaciones con los demás.

Julio

El segundo fin de semana del mes puede ser bueno para establecer contactos, aunque no los de carácter amoroso. A partir de ese momento, entra en un periodo más retrospectivo y crítico en los asuntos del corazón, pero esto puede significar una pausa para lograr algunos acuerdos sobre problemas de pareja que se arrastran desde hace tiempo. Del día 11 en adelante ya no podrá contar con algunas personas de su entorno con los que tiene amistad o estima; sin embargo, si se tiene en cuenta el mes, los más jóvenes no dejarán de salir y divertirse.

Agosto

Un verano nada habitual, especialmente para los más jóvenes y aquellos que se muevan en grupos. Costará poco que le calienten la cabeza para ir a un lugar u otro y muchos Géminis realizarán escapadas de fin de semana, a no ser que tengan en mente realizar dos grandes viajes.

Se destapará el picaflor que lleva dentro, pero alguna de sus presas puede estar muy disputada. Las personas con pareja se mostrarán obsequiosas y serviciales. Es un buen momento para los deportes y los juegos, pero se ha de tener especial cuidado con la conducción y la seguridad en los alojamientos.

Septiembre

Los primeros días de este mes son buenos para los reencuentros y para decidir si se adoptan o no compromisos más formales. Puede haber un regalo de Venus para los nacidos en los últimos días del signo.

Es un buen momento para los que están buscando alguna persona en el «mercado de ocasión». Ciertas complicidades con un trasfondo erótico o glamuroso pueden surgir en el ambiente laboral.

Octubre

El otoño es su estación contraria; sin embargo, no parece serlo en lo referente a los flirteos, como cada mes de octubre, ya que el Sol anda por ese sector de su vida. Si no tiene que hacer alguna criba aparecerá algo nuevo. Aquí los Géminis se dividirán en dos bandos: los que buscan un compromiso y aquellos que harán malabarismos para no comprometerse.

Hacia finales de mes se les presentará el dilema, posiblemente bastante habitual, de intentar rematar la faena. Algunas personas pueden hallar que sus expectativas no se cumplen.

Noviembre

Durante este mes puede reiniciarse la historia con alguien, aunque muchos se darán cuenta de que la otra parte tiene otros intereses.

Hay una tendencia a encontrarse con personas enérgicas, que le exigen estar a la altura, sobre todo si usted es hombre. Si es mujer, tiene todos los puntos para permitirse un atrevimiento. A finales de noviembre entrará en uno de esos periodos en que, aunque lo entienda todo, no comprenderá nada.

Diciembre

Durante los primeros días se verá más sujeto a las personas cercanas y las iniciativas de estos. Al transcurrir el mes, una amistad, un compañero de trabajo o un ex le expresará sus deseos; quizás encuentre a alguien con quien poder consolarse mutuamente.

Con las fiestas, el corazón se vuelve bobo y pueden retomarse antiguas relaciones, aunque se expone a reproches y desplantes. En el ambiente laboral todo será distinto, ya que los demás sacarán su peor cara y no tendrá más remedio que seguir la corriente.

Para la mujer Géminis

Otro año para volver a montar su vida sentimental. Los nervios le asaltarán, si se producen situaciones muy repetitivas a lo largo del año y no ve salida hacia el tipo de vida que quiere llevar, ya que nunca se conformará con el mero hecho de subsistir. La búsqueda de atajos le indicará un nuevo camino. Como dijo Machado: «Caminante no hay camino, se hace camino al andar».

Para el hombre Géminis

Ante la recomposición de su vida afectiva, el hombre Géminis se mostrará diferente, ya que, por tradición y atavismo, se le exige más para que establezca unas rutinas que lo hagan posible. Para lograr esto se meterá a menudo en líos, pero también sabrá salir rápidamente de ellos. Su desafío será mayor si pertenece a la generación de los años sesenta.

Salud

Primer trimestre

El eclipse de mediados de enero no afectará directamente a su signo, pero antes y después del invierno se le llamará al orden. Notará los cambios climáticos en su estado físico, y en especial en el sistema respiratorio. Le costará mover el esqueleto tanto por razones físicas como mentales, a no ser que practique algún deporte. Dentro de este panorama, en la segunda quincena del mes se encontrará mejor.

A medida que entre en febrero, especialmente si ha nacido durante los últimos días del signo, estará expuesto a dificultades circulatorias o de locomoción, o quizás a algún otro tipo de emergencia que haga que sus nervios se alteren más de lo normal.

Durante la primera quincena de marzo, la salud será, casi con toda seguridad, su mayor preocupación, aunque tendrá de cara los servicios asistenciales y la farmacopea; pese a todo, estará sujeto a problemas de dosificación o de incompatibilidades que pueden alterarle el estado consciente, los periodos de sueño y la lasitud. Para otros Géminis se tratará tan sólo de un bajón. Una vez entrada la primavera, el tono vital y mental mejorará.

Segundo trimestre

Durante gran parte de este periodo, hay posibilidades de molestias de garganta, de la dentadura o de catarros, algunos por alergias o resfriados mal curados. Abril es un buen mes para ocuparse de la cosmética, el refuerzo capilar o la mejora de su imagen.

Hacia mediados de mayo debe tener cuidado con las molestias generales, los trastornos relacionados con el clima, las hinchazones en los pies o las disfunciones gastrointestinales o hepáticas. Al ser este su periodo de tono bajo del año, todo tipo de refuerzo le irá bien.

En junio puede haber un abuso de medicación, por lo que, al arreglar una cosa, pueda alterar otra. Durante este trimestre, también puede producirse un cambio en los profesionales que lo atienden, que puede ser tanto positivo como negativo. Mediados de junio es un buen momento para tratar dolencias propias de su signo: pulmonares, respiratorias o de las extremidades. Si tiene un mes agitado, no le vendrán mal las terapias de mantenimiento.

Tercer trimestre

Habrá tres planetas sobre el signo de la salud en julio, lo que no dejará indiferente a nadie. Como buen Géminis, se encontrará bajo síntomas cruzados, entre fijos e intermitentes. Sufrirá posibles desarreglos gastrointestinales o diarreas; puede que consuma alimentos que no le sienten bien y que esté expuesto a las enfermedades de su entorno, a las cuales los Géminis son tan propensos.

Conviene hacer todos los pasos posibles durante la primera semana de agosto, si tiene intenciones de viajar y trasladarse a una zona con un clima diferente. Los ejercicios respiratorios y la exposición a un aire más puro le ayudarán bastante. Si tiene dificultades para salir, vivirá con intensidad los momentos en que pueda hacerlo. Muchos optarán por unas vacaciones terapéuticas.

En septiembre estará pendiente de análisis, cambios de medicación y chequeos regulares. Existen muchas probabilidades de que se encuentre en sintonía con la dieta y los cuidados que se ha ido proponiendo usted mismo. Desde mediados hasta finales de septiembre estará sujeto a heridas, infecciones, accidentes laborales y, quizás, a alguna pequeña intervención quirúrgica.

Cuarto trimestre

Durante la primera semana de octubre estará expuesto a los problemas propios de la estación: un bajo tono mental que afecta a su rendimiento. En un momento u otro de este periodo volverán los problemas relacionados con los pies y el sueño.

Por el contrario, pueden alcanzar una regularidad aquellos que tengan problemas ligados a la circulación, el reuma y la diabetes. Los que padecen problemas en las extremidades y en las caderas, o molestias hepáticas deberán tener cuidado. Los nervios estarán a flor de piel, y si se juntan algunos problemas emocionales, puede producirse una molesta ansiedad. Un poco antes de Navidad, su planeta, Mercurio, estará muy tenso. Nochevieja pinta mejor.

Economía y vida laboral

Primer trimestre

Los eclipses del año caerán entre los sectores 2 (dinero) y 8 (deudas, finanzas conjuntas) que monopolizarán su situación, sea cual sea. Precisamente, enero es un mes bajo, aunque será más estable para los nacidos en los primeros días del signo en lo referente a los gastos. Debe evitar que llueva sobre mojado, si de momento no sabe cómo amortiguarlo. Durante la segunda mitad del mes habrá otro talante y se iniciará un periodo en que otras personas, directa o indirectamente, podrán resolver algunas situaciones profesionales o de ubicación. Hacia mediados de febrero surgirán buenas oportunidades tanto para los profesionales que van por libre como para los que buscan algún trabajo o una tarea adicional.

Durante los primeros días de marzo, a pesar de ser un buen mes en lo profesional, atravesará algunas aguas turbulentas. Convendrá ser recto en sus acciones y no descuidar detalles de importancia, ya que no estará muy hábil a la hora de distinguir lo real de lo aparente y tenderá a los despistes en lo cotidiano. Tal vez se vea involucrado en acciones sociales o benéficas que se alarguen durante casi todo el año. Al empezar la primavera, muchos Géminis tendrán una buena disposición para aceptar nuevos desafíos, tanto inmediatos como a medio plazo.

Segundo trimestre

Hasta la mitad de junio la situación no se arreglará un poco, pero el trimestre podrá acabar mejor de lo esperado. Un ángulo astral insidioso para todos los signos afectará las condiciones laborales y sociales, pero usted, como buen Géminis, buscará salidas por tierra, mar o aire. Gracias a este último elemento, que es el suyo, hacia mediados de mayo verá los resultados de un par de noticias que esperaba para poder actuar de forma más adecuada. Durante gran parte de este mes muchos Géminis realizarán una transacción inmobiliaria.

Durante las dos semanas que van del 12 al 25 de junio irá como una moto, por lo que es un buen periodo para cualquier tipo de trabajo. Muchos verán mezquinos los resultados de tanto esfuerzo, pero esto no les pasará sólo a los Géminis. Los últimos días del mes toca reorganizar la economía personal. Es buen momento para formar alianzas de cara a un futuro cercano y tratar pormenores de proyectos o propuestas de otros. Hay nuevas vibraciones, positivas para usted, que presagian que no está mal volar por los lugares más transitados. Existe la posibilidad de una estrecha colaboración con un hermano o colega.

Tercer trimestre

El eclipse del 11 de julio tiene su epicentro en su segunda casa; tal seísmo afectará a su hogar, su salud y su trabajo. Saturno, antes de entrar el 21 de julio en un ángulo muy favorable a su signo, no se irá sin darle un par de golpes bajos al salir, especialmente a los nacidos durante los últimos días del signo. Quizá se salve de no entrar también usted en el taller de reparaciones que exige la situación. Hallará las ayudas necesarias dado el caso. Sufrirá problemas frecuentes con la calderilla y los cambios, y tendrá la sensación de haber sufrido mal de ojo con el manejo del dinero.

Gozará de un buen verano. Aunque después del 21 de agosto se verá obligado a reducir la marcha, que volverá a aumentar a mediados de septiembre. Hasta finales de este mes, estará muy ocupado en las tareas habituales u otras nuevas que surjan.

Cuarto trimestre

A mediados de octubre, buscará a otros Géminis con los que realizar algunas actividades; en los asuntos laborales se le exigirá ocuparse de sentar mejores bases, por lo que, tal vez, necesite asesorarse o pasar por ciertos filtros. En la última quincena del mes, podrá introducir nuevos métodos de trabajo, u otros lo harán por usted, si se trata de empleos; es posible que sean cambios en las leyes o las normativas.

Entre noviembre y diciembre, especialmente si ha nacido en los primeros días del signo, se acerca poco a poco a la estabilidad, a pesar de ciertas contrariedades por las que el factor confianza o suerte está sujeto a una doble lectura por la que nadie querrá comprometerse a nada, lo que afectará a la amplia franja de Géminis intermediarios. Algunos tendrán la oportunidad de realizar un viaje de negocios o asistir a algún curso de capacitación. Comienza un periodo en que todo el mundo se dedica a pronunciar o recibir juicios o la amenaza de estos…

Durante los últimos días del año, el eclipse del 21 afectará a su octava casa, referente a las deudas y pagos, lo que indica que tal y como entra, sale por otro lado, según su suerte. En otros casos, se tratará de transferencias de una cuenta a otra o de juegos malabares aquí y allá para redondear los números.

Vida familiar

Primer trimestre

Otro año más, una mala disposición astral puede tener consecuencias sobre las fiestas en la primera quincena de enero y, para muchos, es posible que haya conflictos en la familia. Los tíos carnales o los políticos pueden tener algo que ver en ello. Por esta razón, u otra, son importantes todas las circunstancias que los envuelven y gravitan en el hogar natal.

La presencia de Marte durante el primer trimestre del año le prevendrá, si vive en un entorno conflictivo, de problemas con la seguridad del coche. En esa época, frecuentará más a sus hermanos por algo concreto o, por el contrario, estallarán discusiones.

Se trata de un momento interesante para preparar su futuro. Los problemas con los hijos remitirán un poco o ya no le producirán agobios, tanto en el ámbito material como en el psicológico.

Segundo trimestre

La primavera es su estación, pero generalmente no la primera parte. Los problemas laborales, de salud o domésticos vienen salpicados por la imperiosa necesidad de atender nuevos desperfectos u otros problemas que vuelven para que los solucionen; vista la situación, muchos Géminis se verán obligados a emplear su proverbial ingenio o acudir a su entorno.

Algunas ocupaciones o el hecho de que los miembros de la familia coman en momentos diferentes en casa harán que muchos Géminis se pongan manos a la obra en la cocina. A lo mejor, mientras manipula los congelados, sus antepasados pastores o pescadores le echarán un cable a través de llamadas oportunas. Para compensar, habrá ocasiones para celebrar comidas con familiares o amigos fuera del hogar.

Para muchos Géminis, hombres o mujeres, se les hará cuesta arriba que siempre haya algo que hacer, además de las discusiones sobre el presupuesto familiar, tanto si dispone de dinero como si no. Las relaciones conyugales pasan por un momento bajo y se vivirán películas de todos los estilos, en gran parte por situaciones conocidas, que se complicarán más cuanto más se traten.

Tercer trimestre

Algunas situaciones domésticas o familiares lo mantendrán atrapado, a no ser que sus actividades se desarrollen en el entorno. Si este es su caso, pueden resultarle rentables por otra razón. Durante los primeros días, la economía será su mayor preocupación y, si bien su cabeza irá por un lado, la realidad irá por otro. Si no está en una situación profesional con muchas salidas, le parecerá que el mundo se encuentra en liquidación, pero usted también puede aprovecharse para equipar mejor su hogar y para que sus caprichos personales le sirvan para el trabajo.

Como suele suceder en vacaciones, no dejará sus ocupaciones habituales. Posiblemente estrenará algún aparato electrónico que le permitirá dar rienda suelta a sus inquietudes, pero todo parece indicar que su pareja también tendrá las suyas y que, a lo mejor, no coinciden.

El hogar y el estado de este ocuparán gran parte de su tiempo a la vuelta de las vacaciones; volverán las reparaciones, pues, si algo anda mal, poco a poco se formará una reacción en cadena. Esto puede ser una señal oculta de que quiere poner más orden en su vida. Si se trata de dejar de dar vueltas a la cabeza, no habrá ningún problema, pero tenga cuidado con lo que desea, ya que en ocasiones puede ser peligroso.

Cuarto trimestre

Todos cambiamos tanto que cada vez cuesta más solucionar los problemas domésticos y familiares sin que haya platos rotos. Si piensa separarse y hay hijos por medio, repase el historial de su familia y el de su pareja, ya que en gran parte repetimos patrones, aunque creamos alejarnos de ellos. Esto también es aplicable si los problemas vienen a través de los hijos mayores. Aquellos Géminis que no alcanzan estos límites, los bordean peligrosamente, a no ser que existan complicidades compartidas en las que se ven obligados a no hacerlo, por no armar una mayor. En fin, toda una historia que debe ordenarse, y en la que, como signo mutable, se aúnan varios factores no sólo nuestros, sino de terceros y del propio entorno.

Por otro lado, puede verse tentado o propuesto para convertirse en padrino, para recibir la custodia de un niño o para convertirse en un progenitor más. También puede verse implicado en la adquisición de bienes o en la financiación de estos a sus hijos o que sus padres, por una cuestión u otra, hagan lo mismo con usted.

www.ingramcontent.com/pod-product-compliance
Lightning Source LLC
Chambersburg PA
CBHW060207050426
42446CB00013B/3020